Dorrit Barte

Afrikas Pulsschlag

Begegnungen in acht Jahren und vier Ländern

Ihre Zufriedenheit ist unser Ziel!

Liebe Leser, liebe Leserinnen,

zunächst möchten wir uns herzlich bei Ihnen dafür bedanken, dass Sie dieses Buch erworben haben. Wir sind ein kleines Familienunternehmen aus Duisburg und freuen uns riesig über jeden einzelnen Verkauf!

Vor allem aber möchten wir, dass jedes unserer Bücher Ihnen ein einzigartiges und erfreuliches Leseerlebnis bietet. Daher liegt uns Ihre Meinung ganz besonders am Herzen!

Wir freuen uns über Ihr Feedback zu unserem Buch. Haben Sie Anmerkungen? Kritik? Bitte lassen Sie es uns wissen. Ihre Rückmeldung ist wertvoll für uns, damit wir in Zukunft noch bessere Bücher für Sie machen können.

Schreiben Sie uns: info@ek2-publishing.com

Nun wünschen wir Ihnen ein angenehmes Leseerlebnis!

Eduard, Moni & Jill von EK-2 Publishing

Écoutons le pouls profond de l'Afrique
dans la brume des villages perdus.
Lauschen wir dem dumpf pochenden Pulsschlag Afrikas
im Nebel verlorener Dörfer.

Léopold Ségar Senghor

Inhalt

Warum über Afrika schreiben?

Mai 2023

Als Lektorin und Autorin misstraue ich großen Worten, Bestimmung oder Schicksal verwende ich eher nicht. Oder Völkerverständigung, das sich neuerdings manchmal in meinen aktiven Wortschatz schleicht, wenn ich versuche zu erklären, warum ich immer wieder nach Afrika reise und darüber schreibe. Es scheint, dass es dafür eine Erklärung braucht. Ausgerechnet Afrika? Allein? Als Frau? Das sind die Fragen, die mir immer wieder gestellt werden. Und: Was verbindet dich mit Afrika?

Für meine Antwort muss ich etwas weiter ausholen. Von Mecklenburg, wo ich aufwuchs, nach Afrika ist es ein weiter Weg. Ich verspreche, dass wir am Ende dieses Kapitels in Afrika sind und dort dann für die Dauer dieses Buches bleiben.

Die Erschütterung meines Lebens waren die Jahre nach dem Mauerfall. Zum Zeitpunkt dieses historischen Ereignisses war ich zwanzig und lebte – ostsozialisiert – in meiner Heimatstadt Schwerin. Die Wochen und Monate danach erlebte ich euphorisch, neugierig und herausgefordert. Es galt, jeden Tag von Gewohnheiten Abschied zu nehmen, neue Beobachtungen zu verarbeiten, Erkenntnisse zu gewinnen und ungewohnte Erfahrungen zuzulassen. Ich war gespannt, wohin mich das alles führen würde.

Was mich jedoch erschütterte, war, dass die Menschen, die nicht im Osten gelebt hatten, alles über uns zu wissen schienen. Sie erzählten uns unsere Geschichte, wussten, wie das mit der Stasi war und dass wir entweder alle Täter oder Opfer gewesen waren. Dass der solidarische Umgang, den wir miteinander pflegten, nur der Not geschuldet gewesen war. Sie wussten, dass wir massive Defizite in jeder Hinsicht und nicht gelernt hatten, eigeninitiativ zu denken und zu arbeiten. Sie wussten, dass wir ständig unter leeren Warenregalen gelitten hatten und naiv waren – so nannten sie es, weil wir nicht damit rechneten, dass jeder um uns herum darauf aus war, irgendwie an Geld von uns zu kommen. Obwohl sie auch wussten, wir hatten keines.

Es tat mir weh, auf diese Punkte reduziert und nicht gefragt zu werden, wie es mir tatsächlich gegangen war. Das Urteil über mich und meine Vergangenheit stand fest und viele Facetten meines Lebens blieben unberücksichtigt. Selbst in persönlichen Gesprächen wurde kaum differenziert. Tenor: Ich solle dankbar sein für die Möglichkeiten, die sich mir jetzt boten. Das war und bin ich, aus tiefstem Herzen. Ich möchte mich und mein Leben nur nicht darauf reduzieren lassen.

Ich habe etwa eineinhalb Jahrzehnte und zwei Umzüge gebraucht, um damit meinen Frieden zu machen. Der erste Umzug führte mich von Dresden, wohin ich kurz nach der Wende gezogen war, nach Köln. Um die Jahrtausendwende war in Dresden die heute sehr manifeste, grundsätzliche Unzufriedenheit mit allem schon latent zu spüren und ich ertrug diese Atmosphäre immer weniger. Außerdem war ich neugierig auf »den Westen«. Schließlich lebte ich inzwischen ein Jahrzehnt in einem neuen System. Es war an der Zeit, mir das dort anzusehen, wo es das schon immer gegeben hatte.

In Köln schlug ich mich irgendwie durch, lernte noch immer ständig über diese Gesellschaft hinzu, verstand gewisse Codes nicht, fühlte mich einsam und unverstanden. Als meine Französischlehrerin am Institut Francais mich einmal fragte, ob ich mich wie eine Ausländerin fühlte, war ich überrascht. So hätte ich es nicht formuliert, aber die Frage traf mich.

Fremd blieb ich, weil sich kaum jemand die Mühe machte, verstehen zu wollen, wer ich war und wo ich herkam. Man wusste es ja: Unrechtsstaat, Stasi, begrenztes Warenangebot, Mauerfall, (Un-)Dankbarkeit. Und das hatte man auch noch alles bezahlt mit seinem Soli-Zuschlag. Dass der auch von Arbeitnehmern im Osten gezahlt wurde, wusste man oft nicht. Dass im Osten viele Leute gern Soli-Zuschlag gezahlt hätten, weil das bedeutet hätte, gut bezahlte Arbeit zu haben, interessierte auch eher nicht. Ich hätte gern davon erzählt, aber so genau wollte man es dann doch nicht wissen.

Ich verlor meine anfängliche Neugier und fiel in einen Überlebensmodus, in dem ich von einem anderen Leben träumte. Eines Tages würde ich ausbrechen und woanders ein neues Leben beginnen. Vielleicht in Afrika? Nie träumte ich von Amerika, Australien oder Asien. Ich wusste über keinen der Kontinente besonders viel und meine schlechtbezahlten Jobs sorgten gerade mal für Miete und Essen. Vermutlich würde ich Afrika erst im nächsten Leben sehen.

Irgendwann gab ich es auf, in Köln heimisch werden zu wollen. Ich hörte auf, mich zu quälen und gestattete mir den Gedanken, dass Köln und womöglich »der Westen« und ich einfach nicht zusammenpassten. Ich wollte nach Hause, was nur irgendwie diffus »der Osten« war, wobei ich weder meine Heimatstadt Schwerin noch Dresden in Erwägung zog. Berlin war der einzige Ort, der in Frage kam. Ich landete im Westen der Stadt, denn den Osten, den ich aus meiner Jugend kannte, gab es nicht mehr. Ich erkannte bestenfalls die Straßennamen wieder, nicht aber die Straßen. Was mir die wunderbare Möglichkeit gab, mich neu zu entscheiden.

Und es geschah noch etwas Wunderbares: Von einem Tag auf den anderen fiel die Last des Fremd- und Unverstanden-Seins von mir ab. In Berlin spielten Ost und West keine Rolle mehr. Die Codes, an denen man sich erkannte, hatten sich vermischt mit denen der Franzosen, Engländer, Israelis, Amerikaner, Australier. Sie alle – und noch viele Menschen aus anderen Nationen – bevölkerten die Stadt, waren neugierig aufeinander. Da war kein Platz für kleinliches deutsches Ost-West-Aufrechnen. Für die Erleichterung, die mir das bescherte, werde ich Berlin ewig dankbar sein. Da war es, das andere Leben, von dem ich mich in Köln manchmal gefragt hatte, ob es das geben könnte. Ich fing wieder an zu schreiben, was ich während meiner Kölner Jahre vollkommen vernachlässigt hatte. Ich schrieb einen Roman, von dem ich wusste, dass er nicht gut genug für die Öffentlichkeit war, ich ihn aber fertigschreiben musste, um daraus zu lernen. Ich fand Freunde aus Frankreich, Schweden, Australien und Israel. Und ich verdiente auf einmal so viel Geld, dass am Ende des Monats etwas übrigblieb. Genug, um endlich ernsthaft über Reisen nach Afrika nachzudenken.

Afrikanische Freunde hatte ich nicht. Wie auch – Afrikaner sind in der Regel von den großzügigen Visaregeln ausgeschlossen, die für andere Nationen gelten. Im Grunde wusste ich noch immer nichts über Afrika und Afrikaner. Was schon damit begann, dass ich keine Ahnung hatte, wo welche Länder lagen – außer Südafrika, was kein Kunststück ist. Aber wie lebten die Menschen dort? Wie lebten sie damit, dass sie nicht einfach nach Europa durften, nicht einmal zu Besuchszwecken? Wie lebten sie mit den Folgen von Sklaverei und Kolonisation? Und wie empfanden sie die aktuelle Ausbeutung: Schokolade, Kaffee, Gold, Diamanten, Kobalt ...? So genau hatte ich mir diese Fragen nie gestellt. Doch ich zuckte zusammen, wenn jemand etwas sagte wie: »Die wollen alle nach Europa.« »Die denken, hier liegt das Geld auf der Straße.« Oder auch: »Die sind ja so dankbar, wenn man ihnen etwas schenkt.« Das alles erinnerte mich an die Art und Weise, wie früher über mich gesprochen worden war. So wollte ich nicht dorthin reisen. Ich wollte kein fertiges Urteil haben. Ich wollte mit eigenen Augen sehen. Zuhören.

Ich wollte es besser machen.

Ich reiste nach Afrika. Zuerst in den Senegal, in einer Gruppe von vier Deutschen. Schon da hätte ich mich lieber länger mit unserem Reiseleiter unterhalten als noch ein Stück rötlich-staubiger Savanne an mir vorüberziehen zu lassen. Ich war mir sicher, dass ich zurückkommen würde.

Ich fuhr nach Kapstadt, wo ich im Rahmen eines Freiwilligenprojekts in einem Kindergarten arbeitete. Ich verliebte mich in einen Kongolesen, der in Kapstadt lebte. Ich besuchte ihn später mehrfach und bekam eine Ahnung von den komplizierten Beziehungen der afrikanischen Länder und ihrer Bewohner untereinander. Leider zog es ihn überhaupt nicht nach Europa und ich konnte mich nicht für ein Leben in Südafrika entscheiden. Wir scheiterten an der Entfernung – der geografischen wie der kulturellen.

In Äthiopien traf ich Adane, mit dem mich mehr verbindet als es zunächst schien: Er hatte in der DDR studiert, später für ein großes Bauunternehmen in der Bundesrepublik Deutschland gearbeitet und sich schließlich dafür entschieden, in seine Heimat zurückzukehren – trotz wiederkehrender Umbrüche auch in Äthiopien. Ich hatte den Übergang von der DDR in die BRD für mich als die herausforderndste Zeit meines Lebens definiert – wie mus te es für ihn erst gewesen sein, in einem Leben, in dem die Umbrüche häufiger und vor allem meist brutaler waren?

Seine Lebensgeschichte elektrisierte mich so sehr, dass ich ihn fragte, ob ich darüber einen Roman schreiben dürfe. Nach drei Tagen Bedenkzeit willigte er ein. Ich kehrte noch einmal zurück nach Äthiopien, um ihn viele

Stunden und Tage über sein Leben zu befragen. Der Roman erscheint 2024. Mit Adane telefoniere ich bis heute beinahe wöchentlich, um zu hören, wie das Leben in Äthiopien gerade ist.

Ich reiste erneut in den Senegal und mietete mir diesmal in Dakar ein Zimmer bei einer einheimischen Familie. So bekam ich einen Einblick in das ganz normale Leben der Menschen. Aus diesem Kurzaufenthalt entwickelte sich eine Freundschaft. Inzwischen teile ich alljährlich einige Monate den Alltag meiner senegalesischen Freunde, sehe ihre Kinder aufwachsen und gehöre quasi zur Familie.

2020 habe ich mich als Lektorin selbständig gemacht, auch mit der Idee, meinen Arbeitsalltag häufiger nach Dakar zu verlegen und davon zu erzählen. Von meinen Aufenthalten dort schrieb ich schon seit 2017, zunächst im Blog des Autorenvereins 42er-Autoren, später in meinem eigenen. Die Texte in diesem Buch sind fast alle in meinem Blog nachzulesen und dort auch großzügiger bebildert. Auch Bücher von afrikanischen Autoren oder solche, die sich mit Afrika beschäftigen, stelle ich dort vor – ein Besuch lohnt sich.

Ich tue das, weil ich möchte, dass die Menschen in Europa, in Deutschland mehr über die Menschen erfahren als das, was die Zeitungen anbieten: Hunger, Katastrophen, Überbevölkerung, Armut, Krieg, Korruption. Das alles gibt es, aber es ist nur ein Teil dessen, was den Kontinent ausmacht. Die Nachrichten verschweigen die Großzügigkeit der Menschen, ihre Gelassenheit. Sie erzählen nichts von der Neugier und nichts davon, wie viel (manchmal auch: wie wenig) die Menschen dort über uns wissen.

Vor allem aber erzählen die Nachrichten nichts über unsere peinlichen Wissenslücken in Bezug auf Afrika. Sie verschweigen die Demut der Afrikaner, die auch uns in Europa manchmal gut zu Gesicht stünde. Sie verschweigen, was wir von den Menschen dort lernen können.

Ich jedenfalls bin immer wieder froh über Lektionen in Gelassenheit, Demut und Geduld. Über neue An- und Einsichten. Darüber, dass dort viel gelacht wird. Ich bin ein fröhlicherer Mensch in Afrika.

Über Afrika erzählen leistet einen kleinen Beitrag zur Völkerverständigung. Denn ich bin überzeugt davon, dass wir friedlicher und freundlicher miteinander umgehen, wenn wir mehr voneinander wissen.

TANSANIA

Abenteuer Tansania: der Anfang

Februar 2023

»Last call for passengers to Dar es Salaam«, feuert mich die Lautsprecherstimme an, während ich durch den Istanbuler Flughafen sprinte und tatsächlich erfolgreich bin – als eine der Letzten steige ich ins halbleere Flugzeug. Durch die Wetterbedingungen sind viele Zubringerflüge verspätet und offensichtlich haben nicht alle Passagiere einen Sprint hingelegt wie ich. Als ich auf das verschneite Flugfeld schaue, wird mir klar, dass mein Rucksack wohl nicht in der Maschine sein wird.

Morgens gegen halb fünf ist es Gewissheit, mein Rucksack ist nicht in Tansania angekommen. Vor dem Lost-and-Found-Schalter stehen mindestens fünfzig herrenlose Gepäckstücke. Wird mein Rucksack dort womöglich auch bald stehen, verloren und vergessen? Mit meinen Kleidern und dem Adapter für die hiesigen Steckdosen, mit meinem Badeanzug und meiner Zahnbürste? Einen Moment lang stelle ich mir vor, dass ich all das nicht wiedersehen werde – dann konzentriere ich mich auf die Anweisungen der Angestellten und gebe die Auskünfte, die sie braucht. Überrascht registriere ich, dass mein Kopf für Rucksack nur das französische *sac à dos* ausspuckt. Ich war vorher knapp zwei Monate im Senegal und werde wohl noch eine Weile brauchen, ehe ich den Sprachumstieg geschafft habe. Die Angestellte ist sehr geduldig mit mir. Wir hoffen beide, dass mein Rucksack – endlich fällt mir auch *backpack* ein – am nächsten Tag zur selben Zeit eintrifft, man wird es mir dann nachschicken. Allerdings braucht sie eine tansanische Telefonnummer von mir, um mich zu informieren. Ich habe noch keine Telefonnummer, ich habe noch nicht einmal ein Visum. Irgendwie klären wir, wann ich wo anrufen und meine Telefonnummer durchgeben kann und ich bin vorsichtig optimistisch.

Draußen schüttet es wie aus Eimern, immerhin bei etwa 25 Grad, irgendwie gefällt es mir sogar, dass ich jetzt keinen großen Rucksack durch den Regen tragen muss. Nachdem ich allerdings nach drei Minuten Fußweg völlig durchnässt bin, beschließe ich, nicht den Bus zu suchen, sondern ein Taxi zum Busbahnhof zu nehmen, von wo aus die Überlandbusse abfahren. Auch nach Morogoro. Dort warten nämlich Andrea und Gerhard auf mich, Kölner

Freunde, die vor zwei Tagen in Tansania angekommen sind und den Westen erkunden wollen, während mein Ziel der Norden ist: Die Serengeti und der Kilimandjaro. Aber einen Tag werden wir zusammen in Morogoro verbringen, mal wieder zusammen ein Bier in Afrika trinken, wie wir es vor einigen Jahren schon einmal in Addis Abeba getan haben. Auch damals trennten sich unsere Wege nach einem Tag. Es tut gut, in einem mir völlig fremden Land irgendwo erwartet zu werden.

Während der Busfahrt macht sich die Nacht im Flugzeug bemerkbar – immer wieder schlafe ich ein, habe auch genug Zeit dafür, denn für die 200 Kilometer von Dar es Salaam nach Morogoro braucht der Bus fast vier Stunden. Inzwischen hat der Regen nachgelassen und ich kann besser erkennen, was er in diesem Land bewirkt: Die Landschaft ist grün, überall blühen Pflanzen und auch die Baobabs tragen Blätter. Ich bin im Februar sonst oft im Senegal – dort ist jetzt Trockenzeit und die Baobabs sind kahl. Hier erkenne ich sie zunächst gar nicht, weil durch ihr Blätterkleid die typischen, wurzelförmigen Äste nicht zu erkennen sind. Im Guesthouse in Morogoro muss ich zunächst auf Andrea und Gerhard warten und nutze die Zeit für ein kurzes Gespräch mit einem anderen Gast, der mir auch gleich das Kennwort für seinen Hotspot gibt, weil es hier kein W-Lan gibt. Ein freundlicher Empfang, das wird auch so bleiben. Als ich einen kurzen Spaziergang unternehme, werde ich ständig mit *Jambo* (Hallo) oder *Karibu* (Willkommen) begrüßt. Es gibt im Guesthouse ein Handtuch, Seife und eine (kalte) Dusche. Eine kleine Reisezahnbürste habe ich dabei – in weiser Voraussicht ins Handgepäck gesteckt. Nach der Dusche muss ich allerdings wieder in die Jeans steigen, die ich in Berlin angezogen hatte, um bei null Grad zum Flughafen zu fahren und das T-Shirt anziehen, in dem ich insgesamt fast zehn Stunden im Flugzeug und vier Stunden im Bus gesessen habe. Jetzt aber – die Sonne scheint und es sind sicher 28 Grad – bin ich in den Jeans etwas overdressed.

Als meine Freunde ankommen und wir glücklich unsere Anreisegeschichten ausgetauscht haben, leiht Andrea mir einen Kamm und einen Rock. So bin ich wenigstens die Jeans los. Ich kaufe ein Kleid, das ich allerdings noch kürzen lassen muss, aber wenigstens werde ich am nächsten Tag etwas Leichteres anzuziehen haben.

Und dann helfen sie mir bei der Suche nach einem Vodafone-Shop. Gemeinsam suchen wir die für mich passende SIM-Karte aus (ich brauche ein großes Datenpaket, denn ich muss ja auch arbeiten in meinen Wochen hier). Ich bin froh, dass sie das alles gestern schon für sich getan haben, so geht es jedenfalls schneller, als wenn ich mich allein auf die Suche machen müsste.

Schließlich bekomme ich von ihnen einen Crashkurs zu allen Dingen, die ich hier wissen muss: Essen und Bett gibt es hier fast überall, das Busnetz ist sehr gut ausgebaut und die Menschen sind unglaublich hilfsbereit. Außerdem gibt es einen Crashkurs in Kisuaheli, das Gerhard ein wenig spricht. Denn so viel habe ich inzwischen verstanden: Mit Englisch werde ich in kleinen Städten nicht weit kommen. Ich mache mir eine lange Liste mit den wichtigen Wörtern: Wasser, Bier, Kaffee, groß, klein, warm, kalt usw. Und endlich auch Antworten auf das mir hier immer wieder zugerufene *Karibu* und *Jambo*, auf das mir mehrfach ein *Ca va* rausrutscht. Wenn mir rechtzeitig einfällt, dass das hier völlig unangebracht ist, blieb mir bislang nur ein schiefes Lächeln.

Vor allem nehmen wir uns die auf Kisuaheli verfasste Speisekarte in dem Restaurant vor, in dem wir essen, damit ich zwischen Rind, Huhn, Ziege oder Fisch wählen kann. Und zwischen gebrühtem oder gekochtem Reis, Maisbrei oder *Chipsi* (Pommes). Gemüse gibt es immer dazu: ein grünes, spinatartiges (ich finde, es ähnelt mehr Grünkohl als Spinat, aber es schmeckt jedenfalls) und gekochte Bohnen. Im Übrigen isst man hier mit der rechten Hand.

»Wir kriegen aber meist einen Löffel dazu«, sagt Andrea.

Und dann stoßen wir endlich mit einem Kilimanjaro an – die Biersorten heißen hier nämlich so: Kilimanjaro, Serengeti, Safari …

Am nächsten Morgen um halb sieben kommt der Anruf: Mein Rucksack ist jetzt in Dar es Salaam und soll zwischen 16 und 17 Uhr mit einem Bus in Morogoro ankommen. Ich kann ihn im Büro der Busgesellschaft abholen. Andrea und Gerhard unternehmen einen längeren Ausflug – was ich wegen des Wartens auf meinen Rucksack nicht in Erwägung ziehe. Außerdem steckt mir der Flug noch im Körper und ich fühle mich noch zu erschöpft, um vier Stunden Bus zu fahren.

Stattdessen entscheide ich mich für eine kleine Wanderung in die Uluguru Berge, die sich südlich von Morogoro erheben. Von oben aus bieten sich mir wunderbare Ausblicke in die grünen Täler. Manchmal begegne ich Menschen, die mich auch hier stets freundlich mit *Karibu* begrüßen. Das ist mein erster Eindruck von Tansania: Sehr herzliche Menschen, denen daran gelegen ist, dass Gäste ihres Landes sich willkommen fühlen.

Am Nachmittag kurz vor 17 Uhr gehe ich an die Straßenecke, wenige Schritte vom Guesthouse entfernt und zeige den Motorradtaxifahrern die Nachricht mit dem Namen der Busgesellschaft, damit mich einer von ihnen dorthin fährt. Optimistisch bitte ich ihn, vor dem Büro zu warten, ich muss ja nur meinen Rucksack nehmen, dann kann ich gleich wieder mit ihm zurückfahren. Aber natürlich ist der Rucksack noch nicht da. Also beschließe ich, in der Stadt zu bleiben und in einem nahegelegenen Café auf den Anruf des Angestellten der Busgesellschaft zu warten. Ich lasse das afrikanische Treiben an mir vorüberziehen, trinke einen Avocadosaft und dann noch einen zweiten, der erwartete Anruf kommt nicht. Geht mein Rucksack so kurz vor dem Ziel doch noch verloren? Ich habe ja inzwischen gelernt, dass in Afrika vieles viel besser organisiert ist als ich oft glaube, aber ein leichter Zweifel bleibt. Gegen halb sieben schaue ich noch einmal bei der Busgesellschaft vorbei, doch der Angestellte schüttelt den Kopf. Etwas irritiert, weil ich ihm nicht vertraue. »Ich rufe dich an.« Als ich eine Viertelstunde später im Guesthouse ankomme, kommt der Anruf und ich gehe – jetzt in der Dunkelheit – wieder zu den Motorradtaxis. Einer der Männer schaut mir entgegen und fragt gleich: »Abood bus?« Meine Schritte sind hier also gut beobachtet worden – was ich aber als eher freundliche Geste, denn bedrohliche Überwachung empfinde. Natürlich, wir sind hier so etwas wie eine Attraktion – drei *Mzungu* (Weiße), die mehrere Tage in der Stadt bleiben. Morogoro liegt einfach nicht direkt an den von westlichen Touristen frequentierten Strecken. Und endlich habe ich ihn, meinen *sac à dos*, pardon, *backpack*. Ich entschuldige mich für meine Ungeduld bei dem Angestellten, der lächelnd fragt, ob ich nun erleichtert sei.

»Ja«, sage ich, »alle meine Kleider. Meine Zahnbürste. Und mein Deo.« Wir lachen beide, als ich den Empfang quittiere.

Nachdem ich meine Wiedervereinigung mit all meinen Sachen ausgiebig genossen habe, unter anderem damit, dass ich die Nacht in meinem Schlafshirt verbracht habe, heißt es Abschied nehmen. Andrea und Gerhard machen sich auf ihren Weg in Richtung Südwesten. Zusammen trinken wir in einem Restaurant noch einen von diesen exotischen Säften – diesmal Mango – dann trennen sich unsere Wege. Ich schaue ihnen nach auf ihrem Weg, bevor ich zurück ins Guesthouse gehe, wo ich ein paar liegengebliebene E-Mails abarbeite.

Jetzt bin ich ganz allein irgendwo mitten in Afrika. Und einen Moment lang fühle ich mich schrecklich einsam und habe einen Anfall von: Was mache ich hier eigentlich? In diesen Momenten helfen zwei Dinge: Auf die Wetterkarte von Berlin zu schauen, das noch immer im Februargrau liegt, und auf die Straße zu gehen. Auf *Jambo* mit *Jambo* zu antworten, auf *Karibu* mit *Assante* (danke). Mir ein Essen zu bestellen und stolz darauf zu sein, dass ich den Fisch mit der rechten Hand esse. Einen Löffel bekomme ich nicht und auf der mit Gerhard erstellten Wörterliste steht das Wort nicht.

Gut gesättigt und froh über meine ersten kleinen Schritte allein in einem fremden Land denke ich daran, wie ich mich von Andrea und Gerhard vor fünf Jahren in Addis Abeba verabschiedete. Damals flog ich drei Wochen später zurück nach Deutschland und hatte einen Romanstoff im Gepäck, der mich drei Jahre beschäftigte. Ich bin gespannt, was ich diesmal mit nach Hause bringen werde.

Mein Daniel-Kehlmann-Moment in Kondoa

März 2023

Kondoa, zwischen Morogoro und Arusha gelegen, schien eine gute Idee für einen Zwischenstopp. In Morogoro hatte ich nach meiner Ankunft in Tansania Freunde getroffen, von Arusha aus wollte ich auf Safari gehen. Die Busfahrt von Morogoro nach Arusha würde vermutlich um die zehn Stunden dauern, weshalb ich sie nicht an einem Tag absolvieren wollte. Und ich hatte zwischendurch einige Termine für Video-Kurse bzw. -konferenzen, weshalb ich einen ruhigen Ort suchte, an dem ich außerhalb meiner Termine entspannt ein bisschen afrikanischen Alltag erleben könnte. Kondoa eben. So war zumindest der Plan.

Die Fahrt nach Kondoa dauert viel länger als ich dachte, weil ich zwischendurch mehrere Stunden auf einen Anschlussbus warten muss. Schließlich bekomme ich gegen 18 Uhr einen Platz im Sammelbus, der für 20 Personen ausgelegt ist, zwischenzeitlich aber mindestens 30 Menschen transportiert und in jedem Dorf hält, um Fahrgäste ein- und aussteigen zu lassen. Je länger die Fahrt dauert und je dunkler es draußen wird, desto häufiger sage ich mir in Gedanken Andreas Satz »Unterkunft gibt es immer« wie ein Mantra vor. Ich habe nicht damit gerechnet, erst so spät in Kondoa anzukommen und habe nichts reserviert.

In Kondoa lasse ich die Einheimischen zuerst aussteigen – ich habe es nicht eilig, denn ich überlege noch, wie ich an diesem Abend zu einem Bett kommen werde. Doch wie es in Tansania ist – mein Zögern wird bemerkt. Drei Fahrgäste bleiben mit mir im Bus und unterhalten sich – natürlich auf Suaheli – über die *Mzungu* (Weiße). Nur dieses eine Wort und die Blicke der Menschen machen mir klar, dass es wohl um mich geht. Indem jeder von ihnen ein wenig beisteuert, gelingt ihnen die Frage auf Englisch: Wo ich hinwolle. »I am looking for a guesthouse.«

Aussteigen, Nicken, Telefonieren, Warten. Die drei Fahrgäste, der Busfahrer sowie der Fahrer eines Motorradtaxis (Bodaboda) positionieren sich um mich, eine der Frauen telefoniert und gibt anschließend dem Bodabodafahrer Anweisung, mich in ein Guesthouse zu bringen. Das entnehme ich ihrem Tonfall und seinem Nicken. 2.000 Schilling kostet die Übernachtung, sagt sie. Das wären etwa 80 Eurocent – was ich für unwahrscheinlich halte. Es stellt sich dann auch heraus, dass 20.000 gemeint sind. Das passiert in Tansania häufiger, dass es bei den Tausendern etwas durcheinander geht, ich werde mich im Laufe meiner Reise daran gewöhnen. Jedenfalls habe ich fünfzehn Minuten später ein Bett in einem Guesthouse, in dem allerdings auch niemand englisch spricht. Wie überhaupt in der Stadt so gut wie niemand, wie ich bald feststelle.

Als ich morgens entschlossen zum Rezeptionisten gehe, um nach *Coffee* zu fragen, schüttelt der den Kopf. Bloß gut, dass ich in Morogoro mit Gerhard eine Liste mit wichtigen Wörtern erstellt habe, die ich jetzt zur Hilfe nehmen kann. *Kahawa*. Der Rezeptionist strahlt, denn tatsächlich kann er mir Kaffee bringen. Ich habe also Hoffnung, dass Kommunikation möglich sein wird. Die Hoffnung ist nicht von langer Dauer. Ich muss mich vier Tage lang mit Händen und Füßen verständigen, und meine Möglichkeiten selbst für so einfache Dinge wie »Guten Tag« oder »Wie komme ich nach …« sind beschränkt. Gelernt habe ich inzwischen *Jambo* (Hallo), *Mambo* (wie geht's) und die Antwort darauf: *Poa* (gut). Aber für ein Gefühl echter Konversation reicht es nicht.

Abgesehen davon bin ich in diesen Tagen wohl die einzige Weiße in der Stadt und jeder meiner Schritte wird von johlenden Kindern und ihren Ausrufen *Mzungu, Mzungu* begleitet. Am Anfang macht das noch Spaß, nach drei Tagen strengt es mich nur noch an. Schließlich gebietet es die Höflichkeit, auf diese Rufe immer zu reagieren. Ein gedankenverlorener Spaziergang ist völlig ausgeschlossen. Ich bin heilfroh über meine Videokonferenzen, so kann ich wenigstens manchmal mit Menschen sprechen, die mich verstehen.

Am dritten Tag, dem einzigen, an dem keine Videokonferenz ansteht, will ich einen Ausflug nach Kolo unternehmen, Felsmalereien besichtigen. Dazu muss ich einen Bus nehmen, so viel weiß ich. Also gehe ich entschlossen zu dem Ort, an dem der Bus bei meiner Ankunft gehalten hat. Gehe in das Büro und frage nach: »Basi to Kolo?« *Basi* heißt Bus, auch das habe ich immerhin herausgefunden. Viele Wörter in Suaheli enden auf i, interessanterweise wird genau dieses wie i gesprochene y bei »Germany« oft weggelassen. Wenn ich auf die Frage nach meiner Herkunft »Germany« sage, nickt man und sagt bestätigend: »German.«

Doch der Angestellte im Büro schaut mich ratlos an, sagt etwas auf Suaheli, das ich nicht verstehe. Er geht mit mir nach draußen, um sich mit Kollegen zu beraten, die auch alle kein Englisch sprechen. Nach einer kurzen Diskussion, von der ich ausgeschlossen bin, fallen die Männer in ratloses Schweigen. Das ist der Moment, in dem ich an Maria Rubinstein denken muss. Jene Figur aus Daniel Kehlmanns »Ruhm«, die durch eine Verkettung merkwürdiger Umstände irgendwo in Zentralasien »vergessen« wird und nie mehr von dort wegkommt. Einen Moment lang fürchte ich, ich werde für immer in Kondoa bleiben müssen, weil ich einfach niemanden finde, der mir den Weg von hier weg zeigen kann.

Was habe ich mir dabei gedacht, in dieses Land zu reisen, ohne wenigstens ein paar Grundlagen der Sprache zu können? Englisch, dachte ich, ist schließlich eine Weltsprache. Ganz offensichtlich gilt das nur für einen Teil der Welt. Gut, dass mir das einmal so eindrücklich vorgeführt wird. Die Männer setzen mich schließlich auf ein Bodaboda und bedeuten mir, der Fahrer würde mich zum Bus bringen. Ihre noch immer ratlosen Minen zerstreuen meine Zweifel nicht, aber ich habe keine Wahl. Während der Fahrt spricht der Fahrer mit Kollegen auf anderen Motorrädern, um sich nach dem Weg zu erkundigen, nehme ich an. Doch als er anhält – wir sind noch nicht weit gekommen und nach Bus sieht es hier nicht aus – stellt sich heraus, dass ich falsch lag. Er bedeutet mir, ich solle umsteigen auf ein anderes Motorrad, denn Toshi, so stellt sich mir der zweite Fahrer vor, spricht englisch. Wahrscheinlich ist er der einzige Bodabodafahrer in ganz Kondoa, der englisch spricht. Er sagt, er lernt englisch, weil er damit vielleicht einen Job in Arusha finden kann. Er scheint ganz begeistert, dass er seine Fähigkeiten an mir ausprobieren kann. Und ich bin so glücklich, dass mich endlich jemand versteht, dass ich seine Telefonnummer einsammle, bevor wir uns verabschieden.

Als ich zwei Tage später aus Kondoa abreisen will, rufe ich ihn an und er bringt mich zum zweiten Mal sicher zum Bus. »Du bist mein Held«, sage ich. Wenn ich wieder nach Kondoa komme, sagt er, solle ich ihn anrufen. Ich nicke, obwohl ich weiß, dass ich nicht wiederkomme. Um wiederzukommen, müsste ich wenigstens etwas Suaheli lernen, das wäre ich den Bewohnern von Kondoa schuldig. Ich fürchte nur, das wird in diesem Leben nichts mehr.

So wird mir Kondoa in Erinnerung bleiben als eine hübsche, sehr grüne kleine Stadt mit flachen Häusern, dazwischen kleinen Feldern und sympathischen Menschen, die viel gelächelt und mich als willkommene Fremde behandelt haben. Irgendwo in Afrika.

Hakuna Matata: Zugfahren in Tansania

März 2023

»Ich würde niemals freiwillig mit dem Zug fahren«, sagt Doris, meine Gastgeberin in Moshi. Tatsächlich sind in Tansania Busse das öffentliche Transportmittel Nummer eins. Aber ich wollte gern mit einem Zug durch die Landschaft fahren, was hier nur auf wenigen Strecken möglich ist. Von Moshi geht ein Nachtzug nach Dar es Salaam. Ich will bis Kidomole fahren und von dort aus mit einem Bus nach Bogamoyo, der voraussichtlich letzten Station meiner Reise. Zwar heißt Nachtzug, dass ich nicht viel sehen werde, wenn der Zug Moshi um 18:30 Uhr verlässt, bleibt vielleicht noch eine halbe Stunde Tageslicht. Zwölf Stunden soll der Zug bis Kidomole brauchen, vielleicht habe ich morgens noch eine Stunde Gelegenheit für Landschaftsbetrachtungen.

»Vielleicht hat der Zug Verspätung«, sage ich hoffnungsvoll zu Doris.

»Nein, unsere Züge sind pünktlich«, sagt sie und erwähnt, dass es nur wenige Gelegenheiten gibt, zu denen Tansanier pünktlich sind: Flug, Zug, Gericht.

Überpünktlich soll ich am Bahnhof sein, hat man mir bei der Ticketreservierung zu verstehen gegeben, eine Stunde vor Abfahrt. Warum, verstehe ich nicht, aber ich finde mich wie verlangt um 17:30 Uhr am Bahnhof ein und mische mich unter die anderen Wartenden: Familien, Paare, Mütter mit Kindern. Offenbar alles Einheimische, bis auf einen Asiaten, der mit zur Faust geballtem Gesicht auf sein Smartphone starrt, mit unterdrückter Aggression. Er ist der Einzige auf dem Bahnsteig, der mir Angst macht.

Von einer bestimmten Stelle des Bahnhofs kann ich sogar den Kilimanjaro sehen, also bleibe ich dort stehen, die letzten Minuten Kili ansehen. Denke ich, denn Züge sind hier ja pünktlich. Allerdings wird es 18:40 Uhr und 18:45 Uhr, ohne das etwas geschieht. Dann gibt es eine Durchsage, leider nur auf Suaheli, so dass ich nichts verstehe. Da aber die anderen Wartenden sitzenbleiben, nehme ich an, dass es sich nur um eine kurze Verzögerung handelt und bleibe weiter mit Blick auf den Kili stehen, bis es zu dunkel wird. 19:15 Uhr. Ich suche mir einen Sitzplatz auf einer Stufe zu einem Seitengebäude des Bahnhofs und warte. In meinem Rucksack habe ich ein Bier, das ich eigentlich während der Zugfahrt trinken wollte, es war kalt, als ich es bei Doris aus dem Kühlschrank nahm. Inzwischen ist es lauwarm. Soll ich es jetzt aufmachen? Aber wenn dann gleich der Zug kommt? Hätte ich doch bloß die Durchsage verstanden.

Ich halte mich vorerst an Wasser und frage einen der Angestellten nach dem Zug. »Wait, wait«, sagt er.

Was bleibt mir auch anderes übrig? Ich bleibe auf meiner Stufe hocken, nehme mein Buch und lese. Inzwischen ist es dunkel, hier und da haben sich meine zukünftigen Mitreisenden auf dem Boden oder einer Bank hingelegt, die Frauen sitzen auf dem Boden und halten ihre Kinder im Arm. Und alles wird begleitet von lauter Musik aus dem Lautsprecher, abwechselnd schallen aktuelle afrikanische Klänge und Sechziger-Jahre-Chansons über den Bahnsteig.

Irgendwann will jemand durch die Tür hinter meinem vorläufigen Warteplatz und bittet mich bei der Gelegenheit nach drinnen. Ich zögere, während er schon damit beschäftigt ist, die Bank, die drinnen steht, abzuwischen, damit ich nicht im Staub sitzen muss. Nachdem er sich so viel Mühe gegeben hat, kann ich nicht ablehnen. Der vordere Teil scheint so etwas wie eine Werkstatt zu sein; Draht liegt herum und eine Werkbank steht in der Mitte, es riecht nach Schmiermittel.

Der hintere Teil ist ein Büro mit zwei Schreibtischen, vier Stühlen und ein paar Walkie-Talkies. Der junge Mann, der mir die Bank angeboten hat, stellt sich mir vor: »Martin.«

Ich stelle mich im Gegenzug vor, doch er zögert, mich mit dem Namen anzusprechen, fragt, ob ich Kinder habe. Weil man Frauen mit dem Namen ihres Sohnes anspricht, zum Beispiel: Mama von Martin. Er dürfe mich deshalb nicht mit meinem Namen ansprechen. Ich gestatte mir insgeheim die Frage, wie ich es finden würde, als Mutter keinen eigenen Namen mehr zu haben, sondern nur noch über mein Kind definiert zu werden, ehe ich ihm versichere, dass ich keine Kinder habe und er mich mit meinem Namen ansprechen darf.

Auf meine Frage, was nun mit dem Zug sei, erzählt er mir, es gäbe ein Problem mit dem Motor und seine Kollegen in Arusha, wo der Zug losfahren soll, seien gerade dabei, es zu lösen. »Train or no train.«

Wenn ich ihn richtig verstehe, ist noch nicht sicher, ob der Zug heute überhaupt fahren wird.

»Dann kann ich also mein Bier jetzt trinken. Ich wollte es eigentlich im Zug trinken.«

»Im Zug gibt es noch mehr Bier.«

Martin sagt, ich solle ganz entspannt sitzenbleiben, er selbst würde jetzt erst einmal Fußball gucken. In der offenen Wartehalle gibt es einen großen Bildschirm, das hatte ich bemerkt, bei meiner Ankunft vor inzwischen dreieinhalb Stunden lief dort irgendein Spiel. Jetzt spielen die tansanische Mannschaft Simba und Horaya aus Guinea Conakry im Rahmen der afrikanischen Champions League gegeneinander.

Ob ich den Jubel gehört hätte, da hat bestimmt Simba schon ein Tor geschossen. Ich könne natürlich gern auch mitkommen. Ich schüttle den Kopf, wünsche Martin viel Freude und bleibe selbst mit Buch und Bier auf der Bank hocken.

Zwischendurch kommt der verbissene Asiate, stellt seinen Rucksack neben mir ab und verschwindet, ohne ein Wort zu sagen, was ihn mir noch unsympathischer macht.

Gegen 20 Uhr gibt es eine weitere Durchsage, von der ich leider wieder nichts verstehe. Diesmal frage ich in eine Gruppe von Frauen nach der Aussage. »Der Zug kommt in drei Stunden.«

Das erzählt mir auch der Asiate, der offenbar seinerseits ebenfalls jemanden gefragt hat. Er kann also sprechen.

Immerhin scheint die Frage *train or no train* geklärt.

Ich warte. Lese, trinke Bier und frage mich zwischendurch mal wieder, was ich hier eigentlich mache. Gleichzeitig erinnere ich mich daran, dass ich mich das auch auf meinem Sofa in Berlin manchmal frage und mich dann nach Afrika sehne, das immer ein Abenteuer ist, mich herausfordert und meinen Horizont weitet.

Als Martin gegen 21:30 Uhr zurückkommt, ist er glücklich: Simba hat sieben Tore geschossen. Außerdem weiß er zu berichten, dass der Zug in Arusha abgefahren ist und in etwa zwei Stunden in Moshi sein wird. Dann würden die hiesigen Mechaniker ihn noch einmal checken, und wenn alles in Ordnung sei, würde es weitergehen. Ich frage ihn, ob ich meinen großen

Rucksack bei ihm stehenlassen kann, damit ich mir noch etwas zu essen besorgen kann. Klar. Ich könne auch den kleinen Rucksack bei ihm lassen, aber den nehme ich doch lieber mit, denn darin sind mein Laptop, all mein Geld. Mein Leben sozusagen.

Ich bekomme im Wartesaal die letzten beiden *Mishkaki*: Fleischspieße, die in Tansania allerdings sehr viel kleiner sind als ich es von anderswo her kenne. Hier nehme ich meist fünf Stück, damit ich satt werde. Aber es sind die letzten beiden, mehr gibt es heute hier nicht. Dazu *Chipsis*, eine Art Pommes Frites, die allerdings immer ziemlich pappig sind, weshalb ich sie weitgehend aus meinem Speiseplan gestrichen habe. Doch jetzt habe ich keine Wahl.

Nach dem Essen besorge ich mir noch ein Bier und begebe mich zurück zu Martin, der sich zu mir setzt und nur hin und wieder im Büro verschwindet, um über Walkie-Talkie mit jemandem zu kommunizieren. Vom Zug ist noch nichts zu sehen. Martins Englisch ist etwas eingerostet, er erzählt, dass er es in der Schule gelernt hat, aber selten braucht und deshalb vieles vergessen hat. Er fragt mich, welche Sprache man in Deutschland spricht und ist überrascht, dass wir eine eigene Sprache haben. Er dachte, wir würden auch Englisch sprechen.

Endlich gibt es eine neue Ansage, diesmal sogar mit einem kurzen englischen Part. Der Zug von Arusha nach Dar es Salaam sei jetzt *nearby*. Tatsächlich fährt er circa 15 Minuten später, gegen 22:40 Uhr in den Bahnhof von Moshi ein. Ich stehe auf, um meinen Rucksack zu nehmen, doch Martin sieht mich erstaunt an. »Du darfst noch nicht einsteigen. Alle anderen müssen auch aussteigen, dann wird der Zug gecheckt und erst wenn alles in Ordnung ist, dürfen alle Passagiere einsteigen.«

Ah ja. Also setze ich mich wieder auf die Bank und schaue dem Asiaten zu, dem das niemand erklärt hat und der etwas verloren mit seinem Rucksack vor einer Waggontür steht. Und steht. Und steht. Erst nach einer Viertelstunde erbarmt sich jemand seiner und erklärt ihm, dass er warten muss. Er nimmt also wieder Platz auf einer Bank außerhalb meines Gesichtsfeldes. Ich gehe schon einmal den Bahnsteig entlang und stelle fest, dass es in dem Waggon, in dem ich Platz finden soll, Liegen gibt.

Ich habe erste Klasse gebucht und war gespannt, was das in diesem Zug bedeutet. Die Liegen finde ich beruhigend, ich bin nämlich inzwischen todmüde, die letzten zweieinhalb Wochen bei Doris war 23 Uhr nämlich meine Schlafenszeit und ich sehne mich inzwischen nach Schlaf.

Darauf, mich auf einer Liege ausstrecken zu dürfen, muss ich noch warten. Martin setzt sich wieder zu mir, um mir die Zeit zu verkürzen. Wenn er dürfte, würde er mich einsteigen lassen, aber leider ... »Ist schon okay«, sage ich, obwohl ich das Problem nicht verstehe. Warum dauert das alles so lange? Diverse Leute laufen im und am Zug entlang, andere kommen in die Werkstatt und holen Material – Fünfliter-Kanister mit einer weißen Flüssigkeit, was auch immer das sein mag. Der Bahnsteig ist inzwischen gut gefüllt, denn auch die Reisenden aus Arusha laufen hier entlang, irgendwo hat jemand eine große Thermoskanne und verteilt ein heißes Getränk. Jemand anderes teilt sein Essen und gemeinsam warten alle darauf, dass der Zug freigegeben wird. Niemand schimpft, niemand regt sich auf, alle bleiben geduldig, schließlich kann man eh nichts machen. Ich tröste mich damit, dass jede Verspätung bedeutet, dass ich morgen länger bei Tageslicht aus dem Fenster gucken kann.

Endlich ist es so weit, wir dürfen einsteigen. Ich finde auch schnell mein Abteil B in Wagen 2233, das sechs Liegen hat, auf jeder Seite drei übereinander. Das ist so eng, dass man nirgends sitzen kann, aber das ist mir inzwischen egal, ich will nur noch schlafen. Inzwischen ist es Mitternacht. Wir sind nur zu zweit im Abteil, eine Tansanierin von vielleicht vierzig ist meine Abteilgenossin und wir einigen uns schnell auf die Verteilung der Liegen. Als ich alles so verstaut habe, dass ich für alle Eventualitäten gewappnet bin – Taschenlampe, Wasser, Ohrstöpsel, mir die Augenbinde übergestreift habe und beim Rütteln des Zuges wegdämmere, werde ich geweckt. Ich soll in ein anderes Abteil umziehen, sagt mir die Angestellte der TRC (Tansanian Railway Corperation) und weist auf ein Loch in der Fensterscheibe, das von einem Steinschlag stammen könnte. Ich hatte es bemerkt, aber mir keine Gedanken gemacht. Sie offenbar schon. »Dangerous«, sagt sie.

Warum ist ihr das nicht früher eingefallen – zum Beispiel während der Zug über eine Stunde ohne Passagiere am Bahnhof in Moshi herumstand? Ich denke, sie macht Scherze, sie hat ein Lächeln im Gesicht, das ich nicht deuten kann. Genießt sie, dass sie mir, der Weißen, Vorschriften machen kann?

Macht sie sich lustig über mein Unverständnis? Es gibt nur wenige Momente in Afrika, in denen ich mir gestatte, die gereizte Deutsche zu geben, die findet, dass Afrika einfach schlecht organisiert ist. Dies ist einer davon, ich bin zu müde, mich an meinen Auftrag an mich selbst zu erinnern: Mich in das Leben hineinbegeben, beobachten, nicht werten. Ich verhehle meinen Ärger nicht, als ich meine Hose wieder anziehe, packe meine Sachen und bekomme in einem anderen Waggon eine Liege zugeteilt. Die Tansanierin ist schon dort – offensichtlich habe ich wirklich schon geschlafen, denn ich habe nicht gemerkt, dass sie das andere Abteil verlassen hat.

Wieder verstaue ich all meine Dinge, wir einigen uns darauf, den Ventilator anzuschalten, der krächzend protestiert. Außerdem möchte sie das Licht anlassen – also brauche ich sowohl Ohrstöpsel als auch Augenbinde für meinen Schlaf. Endlich kann ich mich ganz dem Rumpeln und Hüpfen des Zuges hingeben. Es ist wie in meiner Jugend, als die Züge auch in Deutschland noch so rumpelten. Wunderbar und ohne Unterbrechung schlafe ich bis sechs Uhr morgens, als es zu dämmern beginnt.

»Good morning«, begrüßt mich meine Abteilgenossin. Wir stellen einander nun auch vor. Amia erzählt mir, dass sie auf dem Weg nach Hause, nach Sansibar sei. In Moshi war sie, weil sie sich an einem Auge operieren lassen musste. Sie bietet mir etwas zu essen an, in einer Plastiktüte hat sie Gebäck, aber ich lehne dankend ab – um diese Zeit kann ich noch nichts essen und schon gar nicht in Öl frittiertes Gebäck.

Eine Angestellte der TRC kommt vorbei und klappt die mittleren Liegen so ein, dass sie nun als Rückenlehne für die Sitzbänke fungieren. Ich bitte sie, mir Bescheid zu geben, wenn wir in Kidomole ankommen, denn natürlich gibt es in diesem Zug keine Durchsagen – und selbst wenn es sie gäbe, würde ich sie kaum verstehen. Sie verspricht es mir. Ich mache mir keine Sorgen, der Zug hält an allen Haltestellen lange, so dass ich genug Zeit haben werde, jeweils nach Schildern Ausschau zu halten und dann auszusteigen. Aber sicher ist sicher.

Ja, der Zug hält immer lange genug, dass die Fahrgäste aussteigen können, um sich die Beine zu vertreten und die Händlerinnen der Orte versuchen können, ein Geschäft zu machen: mit Gebäck, Obst oder Getränken. Für die Kinder scheint der Zug immer ein Ereignis zu sein. Sie hüpfen neben dem

Zug durch die Pfützen, es hat viel geregnet und die Böden sind überschwemmt. Sie winken und freuen sich, wenn ich aus dem offenen Fenster zurückwinke.

Irgendwann habe ich Lust auf Kaffee und mache mich – schwankend ob des starken Gerüttels – auf den Weg in den Speisewagen. Der ist so überfüllt, dass ich erschrocken in der Tür stehenbleibe. Ein Angestellter sieht mich dort, drängelt sich seinerseits zu mir. Er fragt mich nach meinen Wünschen und wo ich sitzen würde, er wird mir Kaffee und Wasser bringen. Und *Chapati* – ein eierkuchengroßes, dünnes Fladenbrot aus Mehl, Wasser und Öl. Ich gehe zurück ins Abteil und warte. Sie kommen zu dritt: Einer trägt die Thermoskanne mit heißem Wasser und die kleine Packung Instantkaffee, einer das Wasser und der Dritte einen Teller mit mehr *Chapatis*, als ich essen kann. Amia nimmt auch eines, und die drei Jungs (sie können nicht älter als 18 sein) setzen sich zu uns. Es entspinnt sich ein Gespräch und ich werde ganz nostalgisch: So waren Zugfahrten in meiner Jugend. Die Fahrt selbst war ein Erlebnis. Nicht, wie heute oft, ein notwendiges Übel, bei dem jeder auf seinen Laptop oder sein Smartphone schaut und bei kleinsten Komplikationen genervt ist. Das Trinken des Kaffees ist eine Herausforderung, weil der Zug so rüttelt, aber pole, pole (langsam, langsam) führe ich meinem Körper das Koffein zu und bringe schließlich die leere Tasse zurück in den Speisewagen, schwankend und mich immer wieder an den Wänden abstützend.

An einem der nächsten Stopps drückt mir Amia zwei kleine Fläschchen mit Augentropfen in die Hand, ich soll ihr aus jedem Fläschchen einen Tropfen in das operierte Auge träufeln, ohne das Auge zu berühren. Das geht tatsächlich nur, wenn der Zug steht, und ich absolviere diese Aufgabe zu ihrer Zufriedenheit. Steige dann aus und vertrete mir die Beine, bis das laute Tuten des Zuges anzeigt, dass alle wieder einsteigen sollen. Am offenen Fenster im Gang bleibe ich stehen, schaue in die Landschaft: Palmen, hin und wieder Hügel, manchmal kleine Dörfer, vor allem aber Weite. Jene endlose Weite, die mich in Afrika immer wieder sprachlos staunen lässt. Ich genieße sogar die Regentropfen, die mich treffen, nach der Hitze der letzten Wochen fühlt sich die Frische des Regens gut an. Hin und wieder drängt sich jemand an mir vorbei, nicht ohne mir einen Gruß zuzuwerfen.

»Jambo.«

Und ich antworte inzwischen routiniert: »Jambo.«

»Mambo?« (Wie geht's?)

»Poa.« (Gut.)

»Habari?« (Wie geht's?)

»Nsuri.« (Sehr gut.)

Wir lächeln dann beide. Tatsächlich freuen sich die Einheimischen, dass ich diese wenigen Floskeln beherrsche. Auch wenn sie lachen müssen, wenn ich auf weitere Suaheli-Sätze nur mit einer ratlosen Geste antworte. Ein Blick auf die Uhr zeigt mir: 12 Uhr, ich rechne damit, dass wir demnächst Kidomole erreichen. Tatsächlich klopft es beim nächsten Stopp an der Tür unseres Abteils. Die Angestellte der TRC steht dort – »Kidomole, hurry up.« In Kidomole will der Zug wohl nicht länger stehen. Also raffe ich meine Sachen schnell zusammen und eile ihr hinterher. Steige aus, schnalle den großen Rucksack auf den Rücken und den kleinen auf die Brust und stolpere neben dem Zug in Richtung Straße. Es gibt hier keinen Bahnsteig, nur einen schmalen Schotterweg neben dem Zug. Es ist nicht leicht, hier entlang zu balancieren. Aus den Zugfenstern winken mir die Weiterreisenden zu oder grüßen mich mit erhobenem Daumen, der gestischen Übersetzung von »Hakuna Matata.« (»Es wird alles gutgehen.«)

Was sind schon sechs Stunden Verspätung, wenn ich dafür ein besonderes Erlebnis hatte.

ÄTHIOPIEN

Bücher statt Postkarten

Juni 2018

In diesem Jahr stand Äthiopien auf meinem Reiseplan: die Wiege der Menschheit, das Dach Afrikas und das einzige Land auf dem schwarzen Kontinent, das niemals kolonialisiert wurde. Überhaupt war ich noch nie in Ostafrika gewesen. Im Februar also flog ich nach Addis Abeba, um nach einigen Tagen von dort aus auf eine Rundreise durch Äthiopien aufzubrechen.

Drei Tage zum Akklimatisieren waren eine gute Idee. Ich hatte das, was auf Rundreisen immer knapp bemessen ist: Zeit, einfach mal eine Stunde oder länger in einem Café zu sitzen und die Stadt auf mich wirken zu lassen. Das habe ich in Addis ausführlich getan. Neben den Schuhputzern, die tapfer immer wieder anboten, meine Latschen zu putzen, obwohl sich an denen leider überhaupt nichts putzen lässt, haben mich besonders die fliegenden Buchhändler begeistert. Mit Stapeln von vielleicht zwanzig oder dreißig Büchern auf ihren wie bei einer Räuberleiter verschränkten Händen zogen sie durch die Straßen. Besonders gefragt schien in diesem Winter ein Buch zu sein, auf dem die Silhouette einer hochschwangeren Frau vor einem abendroten Himmel steht. Dieses Buch lag meistens obenauf. Ein Heimatroman, wie ich später erfuhr. Leider kenne ich keinen einzigen Buchstaben Amharisch und hob deshalb immer nur bedauernd die Schultern. Einigen der Buchverkäufer reichte das, um anderswo ihr Glück zu versuchen, andere boten mir dann gern noch die Neuere Äthiopische Geschichte auf Englisch an. Aber wie hätte ich diese denn auf die Rundreise mitnehmen sollen, für die es recht strikte Gepäckregeln gab? Und brauchte ich eine Neuere Äthiopische Geschichte? Bedauerndes Kopfschütteln wurde eine meiner häufigsten Gesten. Aber ich freute mich während meiner Reise oft, wenn ich lesende Menschen sah: Schüler unter einem Baum, eine Gläubige in einer Kirche, die – vermutlich – ein Gebet las. Auch in den Cafés der Städte saßen Menschen jeden Alters und lasen. Das – aber nicht nur das – nahm mich von Anfang an für Äthiopien ein.

Was ich mir von den Straßenverkäufern jedoch gewünscht hätte, bekam ich leider nicht: Postkarten. Bei dieser ersten Reise bekamen wir zwar noch Postkarten, nämlich von unserem Guide, der einen Vorrat bei sich hatte.

Allerdings war es schlicht unmöglich, Briefmarken zu bekommen, denn immer, wenn wir danach fragten, war das Postamt geschlossen oder es gab in dem jeweiligen Ort gar keines. Ich flog nach Hause, ohne eine einzige Postkarte verschickt zu haben, sehr zum Bedauern meiner Freunde, die Postkarten aus den Weiten Afrikas mögen.

Im Juni flog ich zum zweiten Mal nach Äthiopien und verbrachte meine Zeit in Dire Dawa, einer der größten Städte des Landes. Hauptsächlich, um Gespräche für ein Buch zu führen, das ich schreiben will. Dass die meisten Gespräche stattfanden, während ich in einem Kreis Kath kauender Männer saß, ist eine andere Geschichte, die ich vielleicht ein anderes Mal erzählen werde. Ich hatte ja gelernt, dass das mit den Briefmarken schwierig ist und kümmerte mich also gleich zu Beginn meines Aufenthaltes darum. Der Angestellte hinter dem Postschalter schob mir auf mein Anliegen drei verschiedene Briefmarkenbögen über den Tresen und scherte sich nicht um meine entgeisterte Miene: Wenn ich auf jede Postkarte drei Briefmarken kleben musste, wo sollte ich dann noch etwas hinschreiben? Ich ahnte noch nicht, dass das am Ende mein kleinstes Problem werden sollte. In Dire Dawa gibt es nämlich keine Postkarten. »Was willst du«, sagte mein Gastgeber, »wir haben gerade gelernt, dass man das alles online macht. Wir machen Postkarten mit unserem Telefon und versenden sie per E-Mail.«

Seine Nichte versuchte mir zu helfen, indem sie mit mir gemeinsam zum Taiwanesen ging – dem größten Markt der Stadt für Souvenirs. Eine Stunde lief sie tapfer mit mir durch die Gänge. Doch überall, wo sie nach Postkarten fragte, sah man sie mitleidig an, als wollte man fragen: »Aus welchem Jahrhundert bist du denn?«

Nun muss man berücksichtigen, dass Dire Dawa für Touristen gänzlich uninteressant ist, abgesehen von einem alten Bahnhof, den die Franzosen Ende des 19. Jahrhunderts dort gebaut haben und von dem aus heute noch zwei Mal pro Woche Züge fahren, nämlich einmal nach Dschibuti und einmal nach Addis Abeba. Er ist charmant, der kleine Bahnhof, weil in ihm die Zeit stehengeblieben zu sein scheint. Frühere Luxuswaggons lassen sich dort ebenso bewundern wie ein altes, französisch beschriftetes Stechkartensystem. Aber das ist selten ein Grund für Gäste, sich nach Dire Dawa zu verirren, was sich auch am Angebot der Straßenverkäufer bemerkbar machte. Sie hatten

Bücher und manchmal Lotterielose bei sich. Mein Blick auf ihre Waren wurde dringlicher, je näher das Ende meines Aufenthalts rückte, hoffte ich doch, einer von ihnen würde vielleicht doch noch mit einer Auswahl von Postkarten vorbeikommen, während ich zum Frühstück meinen Buna ba whatatt trank (Milchkaffee, das einzige Wort Amharisch, das ich inzwischen außer »Amässegenalo« – Danke gelernt habe). Einmal konnte ich mir nicht verkneifen, einem von ihnen zuzuraunen: »Wenn du Postkarten hättest, wären wir ins Geschäft gekommen.«

Aber ich spreche – wie bereits erwähnt – kein Amharisch. Er sprach kein Deutsch. Und mein Gastgeber war manchmal wählerisch in seiner Tätigkeit als Übersetzer. So ist mein Ratschlag wohl unverstanden verhallt. Erwarten Sie von Äthiopienreisenden also keine Postkarten. Aber lassen Sie sich doch ein Buch als Souvenir mitbringen.

Interview in Äthiopien

Juli 2018/Januar 2019

In den Schreibratgebern heißt es: Führen Sie doch mal ein Interview mit ihrem Protagonisten! Also begab ich mich im letzten Sommer mit einem Diktiergerät bewaffnet nach Äthiopien, um den Helden meiner geplanten Romanbiografie zu befragen, einen Mann, der in Äthiopien geboren wurde, aber etwa ein Drittel seines Lebens in Deutschland verbrachte und manchmal nicht mehr weiß, ob er Deutscher oder Äthiopier ist. Zurück kam ich mit mehr als zwanzig Stunden aufgezeichneten Gesprächen und einer Vielzahl Informationen, die ich nebenbei mitgenommen hatte. Jetzt, im Berliner Winter, gönne ich mir kleine Ausflüge nach Afrika, indem ich unsere Gespräche abhöre, in Schriftform bringe und mich dabei an die Momente erinnere, in denen wir sie geführt haben.

Adanes Geschichte hörte ich zum ersten Mal, als ich im letzten Februar mit einer Reisegruppe von Addis Abeba nach Bahir Dar am Tanasee fuhr. Der Tanasee ist etwa viermal so groß wie der Bodensee und gehört damit nicht einmal zu den fünf größten Seen Afrikas – nur um Ihnen eine Vorstellung der Dimensionen zu geben. In Afrika sind so viele Dinge so viel größer als in Europa, und Reisen ist so viel beschwerlicher. Unser Kleinbus tuckerte mit höchstens dreißig Stundenkilometern über die Straße, die zwar erst vor wenigen Jahren von Chinesen gebaut worden war, allerdings ohne den Untergrund auf die vielen schweren LKW vorzubereiten. Das Ergebnis sind Bodenwellen überall, die das Tempo drosseln. Wir hatten Zeit und lauschten Adanes unglaublicher Lebensgeschichte, verfolgten seinen Weg von der äthiopischen Savanne in die DDR an die Friedrich-Schiller-Universität in Jena, in das wiedervereinigte Deutschland, später in den Schnee von Ulan-Bator und schließlich zurück nach Äthiopien. Adane verstand es, die Cliffhanger zu setzen. Es packte mich schnell: Diese Geschichte wollte ich schreiben. Kurz vor Ende der gemeinsamen Rundreise im Kleinbus wurden wir uns einig, und einige Monate später reiste ich erneut nach Äthiopien – mit einem Diktiergerät und einer Menge Fragen im Gepäck, von denen die vordergründigste war: Würden Adane und ich uns so gut verstehen, dass er bereit wäre, mir seine Geschichte zu erzählen? Nicht nur die kurze, an hunderten von Touristen erprobte, sondern die lange?

Am Anfang stand noch eine Reise, nämlich von Addis Abeba nach Dire Dawa. Dort lebt Adane, wenn er nicht gerade mit Touristen im Land unterwegs ist. Er holte mich in Addis ab, und wir fuhren am nächsten Morgen mit dem Zug weiter. Die Bahnstrecke hatten ebenfalls Chinesen gebaut, sie war erst vor einem halben Jahr eröffnet worden. Tatsächlich hatte der Zug nach achthundert Kilometern nur ca. eine Stunde Verspätung, was auch in Deutschland ab und zu vorkommt. Meistens waren es Rinder oder Ziegen, die den Zug zu harten Stopps zwangen. Mich störte das nicht, ich hatte Zeit. Schwerer zu ertragen war, dass es etwa drei Stunden Fahrzeit brauchte, ehe die elektrischen Geräte im Zug funktionierten und es endlich Kaffee gab. Und dann war die erste Runde Kaffee für mich ungenießbar süß. Erst eine weitere Stunde später gab es – extra für mich – ungesüßten Kaffee, der meine Lebensgeister weckte. Adane und ich begannen miteinander zu reden. Was wir dann noch zehn weitere Tage taten. Zu Beginn fiel es mir schwer, das Diktiergerät zu benutzen, weil ich fürchtete, es würde Adanes Erzählfluss stören. Aber als er mich nach zwei Tagen fragte, wann wir denn arbeiten würden, wusste ich, dass ich nun auch die Technik einsetzen konnte. Ich hatte allerdings längst angefangen zu arbeiten, Notizen gemacht und versucht, ein Gefühl für Adane, sein Leben und sein Denken zu bekommen. Doch natürlich hatte Adane recht. Ich packte das Diktiergerät aus und stellte es auf den Tisch, wenn wir versuchten, sein Leben halbwegs chronologisch zu durchlaufen.

Ab dem dritten Tag redeten wir mit der Unterstützung von Kath, dem äthiopischen Rauschmittel schlechthin. Man kauft es in Äthiopien an jeder Straßenecke, es ist abgepackt in Bündel von vielleicht fünfzehn Zweigen, die mit Plastik umhüllt sind. Die Droge ist in Äthiopien absolut legal, wie jeder Händler interessierten Weißen sofort erklärt. Doch es sind hauptsächlich die Einheimischen, die sich damit eindecken, in Dire Dawa gibt es ohnehin kaum Touristen, und Kath ist in Europa eher nicht verbreitet. Was damit zu tun hat, dass es frisch gekaut werden muss, da es seine Wirkung nach drei bis vier Tagen verliert.

Anfangs hatte ich Bedenken, denn von allem, was ich über Kath gehört hatte, war mir vor allem in Erinnerung geblieben, es mache geil. Sollte ich tatsächlich den Nachmittag unter kathkauenden Männern verbringen (natürlich sind es die Männer, die sich zum Kath treffen, die Frauen sind immer beschäftigt und haben keine Zeit dafür)? Brauchte ich wirklich so viel Authentizität? Nach einem Blick auf die harmlos und freundlich wirkenden Männer entschied ich mich dafür. Ich selbst würde jedoch auf die Droge verzichten.

Mit dem Kath beginnt man nach dem Mittagessen. Zwischen 13 und 14 Uhr, wenn es unerträglich heiß wird, treffen sich die Männer bei einem Freund. Jeder kommt mit seinem Bündel Kath unterm Arm. Der Freund hat auf seinem Grundstück extra einen Raum für diese nachmittäglichen Treffen gebaut: Eine runde Hütte, in der bis zu acht Männer Platz haben. Drinnen stapeln sich an den Wänden, auf dem Boden Sitzkissen, Kath kaut man nämlich auf dem Boden sitzend. Bevor die Männer sich niederlassen, ziehen sie Hose und Hemd aus und schlingen sich ein Tuch um die Lenden, Oberschenkel und Knie. Die Angestellte des Hauses bringt Wasser, und die Männer beginnen ganz allmählich mit ihrem Ritual. Alles geschieht langsam, denn es ist heiß – während meines Aufenthaltes bewegten sich die mittäglichen Temperaturen immer knapp unter der 40°-Marke. Die Männer haben Zeit, sie werden Stunden hier sitzen und allmählich die vor ihnen liegenden Zweige in Blätterportionen leer kauen. Immer, wenn sie einen neuen Zweig aus der Umhüllung ziehen, klopfen sie ihn leicht auf den Boden, um Staub abzuklopfen oder darin verborgene Insekten aufzuschrecken. An diesem ersten Tag fragten sie mich, ob ich probieren wolle, aber ich schüttelte den Kopf und sagte: »Ich möchte einen klaren Kopf behalten.«

Kath könne mir helfen, mich zu fokussieren, sagten die Männer.

Ich schüttelte nochmals den Kopf. Wie sollte ich ihnen erklären, dass ich Angst hatte, sie könnten nach dem Genuss von Kath über mich herfallen (oder ich über sie?). Also erzählte ich, dass ich schon einmal Kath probiert hätte, mir der bittere Geschmack einfach nicht zusage. Achselzuckend nahmen sie es zur Kenntnis und ließen Adane und mich in Ruhe. Auf meinen Aufzeichnungen höre ich als Hintergrundgeräusch zu meinem Gespräch mit Adane, wie sie sich unterhalten. Genauso ruhig, wie sie sich bewegten. Hin und wieder sagt einer etwas, dann schweigen sie, dann sagt jemand anderer etwas. Im Hintergrund läuft der Fernseher, es gibt Fußball, Musikvideos und Nachrichten. Aber die äthiopischen Nachrichten aus jenen Tagen sind ein Thema für sich.

Die ersten Tage meiner Reise standen ganz im Zeichen von Nachrichten und Politik. Schon in Addis Abeba hatte Adane mich mit den Worten begrüßt: »Wir machen Frieden mit Eritrea, kannst du dir das vorstellen?!« Es waren die ersten Monate der Amtszeit von Ministerpräsident Abiy Ahmed, der von der Bevölkerung sehr verehrt wird, denn er hat tiefgreifende Veränderungen für Äthiopien auf den Weg gebracht. Alle waren elektrisiert von der Aussicht auf Veränderungen zum Guten. Abiy Ahmed räumte im Staatsapparat auf, am Tag nach meiner Ankunft entließ er den Armeechef. Zwei Tage später lief auf allen Fernsehern im Hotel, aber auch in den Cafés in der Stadt eine Kundgebung in Addis, auf der Abiy Ahmed vor zehntausenden Anhängern sprach. Eine alte Volkweise untermalte die Übertragung, ich hörte sie den ganzen Tag. Die Heiterkeit des Liedes und die Zuversicht der Menschen reichten von Addis bis nach Dire Dawa. Die Menschen trugen T-Shirts mit Abiys Konterfei und dem Schriftzug »We support you«. Doch als wir in unserem Frühstückscafé ankamen, hatte sich die Stimmung verändert: Auf der Kundgebung in Addis war eine Bombe explodiert. Mindestens ein Mensch starb, und über 150 wurden verletzt. Ich fragte mich, welche Macht ein geschasster Militärchef noch hatte und wurde nervös. Inmitten eines Militärputsches wollte ich mich nicht wiederfinden und trug mich vorsichtshalber in die Krisenvorsorgeliste des Auswärtigen Amtes ein, auch wenn Adane mich auslachte.

Vier Tage später bekam ich eine E-Mail von der Deutschen Botschaft in Addis Abeba, die alle Deutschen in Äthiopien zum Public Viewing einlud, denn es war gerade die Zeit der Fußball-WM. Das beruhigte mich – wenn die Botschaft sich um so etwas kümmern konnte, musste ich mich nicht ängstigen. Bis dahin hatten wir schon etwa acht Stunden Gespräche aufgezeichnet, und ich war Stammgast in der nachmittäglichen Kathrunde geworden. Kath kaute ich immer noch nicht, aber inzwischen trank ich Bier und schaute Adane fasziniert zu, der immer Zucker nachwarf, weil er den bitteren Geschmack des Kath nicht mochte. Das tat er so, dass er den Löffel dabei mit den Lippen nicht berührte. So, wie es auch beim Essen mit den Fingern in Äthiopien üblich ist. Auf einer Platte mit dem typisch äthiopischen, weichen, sauren Brot Injera werden für mehrere Personen Fleisch- und Gemüsegerichte serviert. Jeder reißt sich vom Injera kleine Stückchen ab, nimmt damit ein Stück Fleisch oder Gemüse und steckt sich das mundgerechte Bündel in den Mund. Klingt einfach, aber die Kunst ist, dabei mit den Fingern nicht die Lippen zu berühren. Das gelang mir leider eher selten, irgendwie war immer ein Finger an der Unterlippe.

Wir redeten und vergaßen die anderen Männer im Raum. Auf dem Band höre ich ihre kurzen, ruhigen Sätze mit langen Pausen dazwischen. Nichts an ihnen war beängstigend, und inzwischen lachte ich darüber, dass ich mich gefürchtet hatte. Von ihren Gesprächen verstand ich nichts, denn meine Amharisch-Kenntnisse beschränkten sich nach wie vor auf Amässägenalo (Danke) und Bouna ba whatat (Milchkaffee).

Einmal fragte ich Adane, womit diese Männer ihren Lebensunterhalt verdienten. Er sah mich erstaunt an. »So etwas fragt man hier nicht.«

So vergingen unsere Tage: Wir frühstückten, redeten ohne Aufzeichnung miteinander, aßen irgendwo zu Mittag, trafen Freunde zum Kath, dem ich mich weiter verweigerte, und redeten mit Aufzeichnung weiter. Manchmal wurde Adane ungeduldig, wenn ich ihn etwas fragte, was er mir schon erzählt hatte. Doch ich vergaß alles, was ich auf Band hatte, fast sofort, um mir zu merken, was ich nebenbei herausfand. Ungeduldig wurde er auch, wenn ich ihn nicht verstand. »Du denkst wie eine Europäerin«, sagte er nicht nur einmal.

»Natürlich, Adane, ich bin Europäerin.«

Nach fünf Tagen hatte ich genug vom Zuhören und erzählte ungefragt das eine oder andere aus meinem Leben, das mir allmählich abhandenkam in unseren Gesprächen. Ich ging eine Stunde allein spazieren, setzte mich in den Hof des Hotels und machte ein paar Notizen. Zuversichtlich registrierte ich, dass mir einzelne Szenen für das Buch einfielen, doch gleichzeitig verzweifelte ich an der Fülle des Stoffs. Wie sollte ich das je in einen Roman verwandeln?

An diesem Nachmittag erzählte Adane mir über eine Zeit seines Lebens, über die er eigentlich nicht sprechen wollte. Vielleicht lag es am Kath, vielleicht hatte er jetzt endgültig Vertrauen zu mir gefasst. Es strengte ihn sichtlich an, und ich glaube, er war froh, als bald danach die Kathzweige kahl am Boden lagen und wir uns auf den Abend vorbereiteten. Die Männer zogen sich ihre Hosen und Hemden wieder an. Zufällig sah ich, wie einer von ihnen unter das Sitzkissen griff, an das er sich bis eben noch gelehnt hatte, mit einer raschen Geste eine Pistole darunter hervorzog und sie sich in den Hosenbund steckte. In diesem Moment traute ich – im wahrsten Sinne des Wortes – meinen Augen nicht und erkundigte mich bei Adane, ob ich richtig gesehen hatte.

»Er war bei der Armee, er darf das.«

»Wie bitte?!«

»Jetzt ist er Chef vom Finanzamt.«

»Und treibt die Steuern mit Waffengewalt ein?!«

Lachend drückte Adane sich um eine Antwort. Und ich fragte mich, ob es nicht ein bisschen naiv von mir war, einfach so in dieses fremde Land zu fahren und darauf zu vertrauen, dass alles gut gehen würde.

Für das Abendessen war die Auswahl nicht groß. Uns lag nicht daran, möglichst viel auszuprobieren. Wir waren pragmatisch und wollten keine Zeit mit langer Suche verlieren. Direkt vor unserem Hotel gab es einen Schlachter, in dessen Küche ein frisch geschlachtetes Rind hing. Erst wenn Fleisch bestellt wurde, schnitt der Schlachter von diesem etwas ab. Hierher kamen viele Äthiopier, um frisches, rohes Fleisch zu essen. Dazu konnte ich mich nicht überwinden, was Adane eigenartig fand, schließlich würde ich doch zu Hause auch rohes Hackfleisch essen. Stimmt. Trotzdem nahmen wir die gegrillte Variante, bei der die Fleischwürfel auf einem Stövchen serviert werden. Auch hier bekamen wir ein Stövchen für uns zwei, manchmal, wenn Adanes Nichte uns zum Essen Gesellschaft leistete, bestellten wir ein großes, von dem wir alle mit den Fingern aßen.

An den anderen Abenden gingen wir in die Bar eines Freundes, vor allem zum Trinken. Denn wer die aphrodisische Wirkung des Kath neutralisieren will, hat neben der naheliegenden Möglichkeit eine zweite: Alkohol. So besuchten wir abends die Bar – ich blieb zumeist bei Bier, Adane trank zwei, drei Gin. Am ersten Abend stellte uns der Barbesitzer nach einer Weile einen Teller auf den Tisch: Bohnen mit Kartoffeln, dazu ein Stück Weißbrot, denn

Besteck ist in Äthiopien unüblich. Ich hatte nichts bestellt und bekam die Speise als Geschenk des Hauses. Nach dem ersten Bissen war ich total überrascht, denn dieses einfache Gericht war so lecker, dass ich es von nun an fast jeden Abend essen wollte und mich nur ungern von Adane überreden ließ, ab und zu im Hotel Fleisch zu essen. Vielleicht war es, weil Bohnen mit Kartoffeln mich nach all dem fremden Essen mit dem Brot Injera an zu Hause erinnerten. An manchen Tagen sehnte ich mich nach meinem eigenen Leben. Bezahlt habe ich die Bohnen mit Kartoffeln nur ein oder zwei Mal, Adane sagte, es koste so wenig, dass es dem Barbesitzer peinlich sei, es auf die Rechnung zu setzen. Überhaupt waren die Menschen großzügig, die Männer gaben mir hin und wieder ein Bier oder einen Kaffee aus. Sie schienen mich nicht als »laufende Geldbörse« zu betrachten, wie Weiße manchmal genannt werden. Sie hatten sich auch daran gewöhnt, dass ich an den Abenden manchmal mein Notizheft hervorzog, um etwas von dem zu notieren, was Adane mir *off the record* erzählte. Obwohl es im Hof der Bar meist sehr dunkel war und ich bei dem spärlichen Licht, das vom Tresen herüberleuchtete, nur wenige Notizen machen konnte. Über Musik, Filme, Lieblingsschauspieler. Dinge, die man – laut Schreibratgebern – seine Hauptfigur fragen soll, um sie authentisch beschreiben zu können. Manchmal insistierte ich auf Zeiten in Adanes Leben, über die er bislang nur wenig erzählt hatte. Mit einem verschmitzten Grinsen sagte er: »Dann musst du das eben füllen, du bist doch die Schriftstellerin.« Ich bin froh und dankbar, dass Adane mir vertraut und sicher ist, dass ich seine Geschichte gut aufschreibe. Dass ich die richtigen Szenen finden werde, um die Stellen zu füllen, an die er sich nicht erinnert. Und aus dem, was er mir erzählt hat, die richtige Geschichte machen werde.

Nach zwei, drei Stunden bei Bohnen, Bier und Gin fuhren wir ins Hotel, durch die vollkommen dunkle Stadt, in der nur noch hier und da ein paar Bars oder Imbissstände geöffnet hatten. Im Hotel gönnten wir uns einen Absacker, der letzte Gin des Tages war ein weiteres gemeinsames Ritual. Der äthiopische Gin ist wohltuend weich, ich habe mir eine Flasche mitgebracht und gönne mir auch zu Hause manchmal einen Absacker.

Er schmeckt nach Wärme und Gelassenheit, nach Zuhören und nach spannenden, fremden Einnerungen, die darauf warten, in eine literarische Form gebracht zu werden.

Sommerferien auf äthiopisch

September/November 2021

Ende Juli ruft mich mein Freund Adane aus Äthiopien an. An seiner Stimme höre ich, wie stolz er ist: Alle seine Kinder haben das vergangene Schuljahr mit besten Zeugnissen abgeschlossen.

Zu Adane und seinen Kindern muss man wissen, dass sie erstens nicht seine leiblichen Kinder und zweitens auch keine Kinder mehr sind. Er ist Mitte sechzig und wurde als etwa Fünfjähriger von seiner Familie in eine Missionsschule gegeben. Das hat sein Leben nachhaltig bestimmt, ihn zum Studium in die DDR und später für einen anderen Berufs- und Lebensweg in die BRD geführt, die beiden deutschen Phasen unterbrochen von einem kurzen Intermezzo als stellvertretender Kulturminister Äthiopiens. Und auch wenn er mit seinem Schicksal nicht immer einverstanden war, hat seine eigene Geschichte ihn gelehrt, dass Bildung der Schlüssel für ein selbstbestimmtes Leben ist. Deshalb hat er, als er vor etwa zwölf Jahren aus Deutschland nach Äthiopien zurückkehrte, aus den in der Savanne lebenden Familien seiner Geschwister das jeweils klügste Kind ausgesucht und ein Haus für sie alle gebaut (Adane hat in Deutschland auch eine Ausbildung zum Maurer gemacht. Bauen kann er wie ein Deutscher). In diesem Haus lebt Adane mit den Kindern und einer Haushälterin – was sich für Europäer vielleicht nach Luxus anhört, für Adane aber eine absolute Notwendigkeit ist, irgendjemand muss sich schließlich um die Kinder kümmern, wenn er arbeitet. Und außerdem ist es gut, wenn die Kinder mit einer weiblichen Bezugsperson aufwachsen.

»Im Grunde«, sagte ich einmal zu ihm, »hast du mit ihnen das gemacht, was die Nonnen mit dir gemacht haben.«

Nach einem kurzen Zögern sagte er damals: »Ja. Aber in nett.«

Jede der Familien wird eines Tages einen gebildeten Nachkommen haben, der eine Brücke zwischen traditioneller und moderner Lebensart darstellen wird. Inzwischen sind die Kinder – mehr Mädchen als Jungen übrigens, denn die zeigten bei der Auswahl die besten Anlagen – zwischen 16 und 22 Jahre alt und die ersten haben ein Studium angefangen. Adane biegt auf die Zielgerade seiner Lebensaufgabe ein.

Im Laufe unseres Telefonats im Juli dämpft sich sein Stolz und macht Ratlosigkeit Platz. Lange Sommerferien stehen bevor. Bis November.

»Wieso sind die Sommerferien bei euch so lang?«, frage ich überrascht.

»Weil die Lehrer in den Krieg ziehen.«

Ich schweige und denke an Adanes Nachricht aus dem letzten November, die nur aus einem Wort bestand: Krieg! Geplant war eine kurze militärische Intervention in einer renitenten Provinz, inzwischen sind daraus acht Monate Bürgerkrieg geworden, der zunehmend unübersichtlich wird und die Stabilität im ganzen Land erschüttert, wie ich hauptsächlich aus internationalen Medien erfahre. Mit Adane spreche ich selten über diesen Krieg und bin immer wieder überrascht darüber, wie sehr er an einem normalen Leben für die Kinder festhält und sich weigert, dem Krieg eine zu große Macht über ihr Leben einzuräumen.

»Es gibt Gerüchte, dass im November die Schulgebühren massiv erhöht werden.«

»Aber es gibt doch gar keine Schulgebühren in Äthiopien?«

»Sie wurden vor zwei Jahren eingeführt. Bisher waren sie so gering, dass ich sie leicht bezahlen konnte. Da habe ich noch Geld verdient.«

Wieder schweige ich, denn es schmerzt mich, dass Adane seit eineinhalb Jahren nicht mehr seiner Arbeit als Guide nachgehen kann, bei der ich ihn kennengelernt habe. (Der wievielte Jobwechsel zu dieser Aufgabe führte, weiß ich nicht auf Anhieb, ich müsste jedenfalls beide Hände zu Hilfe nehmen, um sie zu zählen.) Zuerst blieben die Touristen wegen Corona weg und als Adane vorsichtig optimistisch wieder über Reisebuchungen sprach, kam der Krieg. Und es ist nicht absehbar, wann sich daran etwas ändern wird. Spenden aus Deutschland und Jobs auf dem Bau für rund zwei Euro am Tag (ja, am Tag) haben ihn bisher über Wasser gehalten.

»Jedenfalls habe ich den Kindern versprochen, dass sie die Ferien in der Savanne bei ihren Familien verbringen können. Aber wenn ich jetzt Geld für die Reise ausgebe, kann ich im November die Schulgebühr nicht mehr bezahlen. Das geht nicht.«

»Aber wenn die Kinder im Sommer bei ihren Familien sind, musst du sie nicht ernähren.«

»Ich kann sie aus unserem eigenen Garten ernähren, das ist nicht so teuer.«

Weil Adane nun nicht mehr mit Touristen unterwegs ist und nur selten auf Baustellen Arbeit hat, ist er unter die Gärtner gegangen. Begeistert hat er davon erzählt, was er alles im eigenen Garten erntet: Tomaten, Zucchini, Salat und Kartoffeln. Das ist auch bitter nötig, denn die Preise für Lebensmittel sind in den letzten Monaten massiv gestiegen. Daran ist der Krieg schuld, aber auch extreme Dürre, die den Osten Afrikas immer wieder heimsucht.

Wir wägen die Optionen ab und am Ende verspreche ich ihm, im November 200 Euro Schulgebühr aufzutreiben, wenn es nicht anders geht. Die Kinder haben sich die Ferien verdient und wenn sie bei ihren Familien sind, kann Adane in dieser Zeit versuchen, sich auf Baustellen zu verdingen, um wenigstens etwas Geld zu verdienen.

Das nächste Mal höre ich von Adane, als die Kinder schon bei ihren Familien sind. Adane ist in Yabello, einer kleinen Stadt im Süden Äthiopiens, bei einer Schwester untergekommen und wartet darauf, zur Arbeitssuche nach Addis fahren zu können. Im Moment, sagt er, sind die Straßen nicht sicher, immer wieder gibt es Überfälle oder Massaker auf dem Weg in den Norden. Aber darüber will er mit mir nicht sprechen, sondern von den Kindern erzählen, die – wie erwähnt – keine Kinder mehr sind, sondern junge Erwachsene. Die jungen Frauen hätten ihn nämlich morgens angerufen, weil sie ihm etwas sagen wollten. Sie haben die letzten Tage viel mit ihren Geschwistern gesprochen, die traditionell in der Savanne leben. Adane wirft mir das Bild von heißen afrikanischen Nächten in den mäßigen Berliner Sommer, von großen Familienrunden am Feuer und jungen Menschen, die sich Geschichten über das Leben erzählen. Irgendwann in einem dieser Gespräche muss der Entschluss gereift sein, dass sie ihm, Adane, etwas Wichtiges zu sagen haben.

»Onkel«, hat Enat, eines der ältesten Mädchen, gesagt, »wir wollen uns bei dir bedanken. Dafür, dass wir nicht beschnitten sind. Und dafür, dass wir niemals Angst haben müssen, zwangsverheiratet zu werden. Danke dafür.«

Und ich – etwa achttausend Kilometer entfernt – meine zu sehen, wie Adane eine Träne der Rührung wegzwinkert.

Die nächste Nachricht von Adane erreicht mich im September via Messenger: Die Familie will weiter nach Kenia ziehen. Die Rebellen sind in Bule Hora, etwa 80 Kilometer entfernt.

So greift der Krieg noch weiter in den Alltag von Adane ein. Bislang hatte ich den Eindruck, dass er und die Kinder wenig betroffen waren, wenn man von der Lebensmittelknappheit und -verteuerung absieht und von der allgemeinen Unsicherheit über die Zukunft. Noch dazu hatte ich bislang vermutet oder gehofft, dass der Krieg nur im Norden stattfindet, in Tigray und den angrenzenden Provinzen. Meldungen über das Aufflammen der Gewalt im ganzen Land hatte ich nicht in mein Bewusstsein dringen lassen. Und natürlich hatte ich auch immer gedacht, Adane und den Kindern könne nichts passieren. So wie Unfälle auch nicht mir, sondern nur anderen geschehen. Nun also doch.

Ein Telefonat mit Adane bringt neue Informationen. Er sagt, die Rebellen morden und vergewaltigen. Es seien von der TPLF (Volksbefreiungsfront von Tigray) gekaufte Söldner, die das ganze Land destabilisieren sollen. Solche Informationen sind mit Vorsicht zu genießen, denn Adane sagt selbst, dass die Situation zu unübersichtlich für genaue Einschätzungen ist. Im Moment zählt nur: Alle jungfräulichen Mädchen werden über die grüne Grenze nach Kenia in Sicherheit gebracht. Adane ist mit einem Bruder dabei, einen Minibus aufzutreiben. Für »seine« Mädchen.

»Früher waren die Kinder es gewohnt, viele Kilometer zu Fuß zu gehen, das sind sie heute nicht mehr.« Nein, das ist nicht die ewige Klage über die heutige Jugend, sondern eine Feststellung. Die anderen Mädchen der Familie werden die etwa 85 Kilometer zu Fuß gehen und vier Tage später die Verwandten in Kenia erreichen, die sie aufnehmen. Boranafamilien sind groß und ziehen von Ort zu Ort, die Grenzen waren für sie immer durchlässig im Dreiländereck Äthiopien, Kenia, Somalia. Adanes Stimme klingt optimistisch, die Sorge liegt schon hinter ihm, jetzt geht es darum, eine Lösung zu finden. Tätig zu sein macht optimistisch. Während ich rat- und hilflos frage, ob ich etwas für ihn und die Kinder tun kann.

»Du kannst nichts tun und du musst auch nichts tun. Mach dir keine Sorgen, es wird alles gut werden.«

Ich denke: Hoffentlich. Und begebe mich zurück in meine Rolle der Biografin. Ich habe über Adanes Leben einen Roman geschrieben und im Lauf der Arbeit haben wir uns angefreundet. Zwei Jahre habe ich damit zugebracht, Adanes Weg von der Savanne in die DDR, zurück nach Äthiopien, in die BRD und schließlich endgültig zurück in das Land seiner Geburt nachzuzeichnen und die Umstände, die zu dem jeweiligen Weg führten, zu schildern. Krieg war immer wieder Bestandteil seines Lebens und seiner Geschichte, doch als wir uns kennenlernten, fühlte es sich an, als seien diese Zeiten vorbei. Immerhin wurde dem heutigen Premierminister Abiy Ahmed 2019 der Friedensnobelpreis verliehen und er hielt zur Preisverleihung eine berührende Rede gegen Krieg. Ich habe den Roman über Adanes Leben im festen Glauben geschrieben, dass es auch etwas über uns Europäer erzählt, dass es für uns wichtig ist, seine – exemplarische – Geschichte zu kennen.

Jetzt ist der Roman abgeschlossen, doch Adanes Erzählungen aus seinem Leben und Alltag sollen noch immer gehört werden. Ich sehe mich in der Pflicht, Geschichten aus Afrika nach Europa zu bringen. Ja, manchmal treibe ich auch Geld auf, wenn etwa Salam, eines der älteren Mädchen, ein Stipendium für ein Studium in Riad bekommt, für ihre Flugkosten aber selbst aufkommen soll. Weil Adane wegen Corona monatelang nicht arbeiten konnte, habe ich Geld bei meinen Freunden und Kollegen sowie Adanes ehemaligen Gästen gesammelt. Aber in der Hauptsache bin ich Schriftstellerin, die gemeinsam mit ihm afrikanisches Leben erzählt. Also wünsche ich der Mission »Ferien in Kenia« Erfolg und bitte Adane, sich bei mir zu melden, wenn die Kinder in Sicherheit sind.

Es dauert fast zwei Wochen, ehe ich wieder von Adane höre. In der Savanne gibt es nicht überall Internet. Die Kinder haben morgens aus Kenia angerufen, wo sie von ihrem Verwandten aufgenommen worden sind. Vermutlich ist das ein Großonkel – ich habe es aufgegeben, die weitverzweigten Verwandtschaftsbeziehungen begreifen zu wollen, die sich schon in Adanes Fall ergeben, weil sein Vater – wie bei den Boranas üblich – drei Frauen hatte und mit jeder von ihnen etwa ein Dutzend Kinder, die sich alle als Geschwister verstehen, die Worte Halbbruder oder Halbschwester existieren in ihrer Sprache nicht. Wie könnte ich die Verzweigungen von zwei weiteren Generationen nachvollziehen? Dieser kenianische Großonkel also betreibt nicht nur Viehzucht, sondern auch Landwirtschaft. Doch immer wieder ist die Ernte bedroht, von Dürre, von Heuschrecken oder – in diesem Jahr – von Pavianen, die ihren Hunger auf seinen Feldern stillen. Die Kinder haben sich mit Freuden in die Rolle der Pavianvertreiber eingefunden und sagen zu Adane, sie erlebten die besten Ferien ihres Lebens. Niemand spricht von den Gründen, aus denen sie überhaupt nach Kenia gegangen sind.

»Aber irgendwann müsst ihr alle doch wieder nach Hause, denn die Kinder müssen doch wieder in die Schule.«

An Adanes Pause erkenne ich, dass er so weit noch nicht denkt. »Das wird klappen.«

Ich spüre, wie sehr ich diese Gelassenheit vermisse, die ich bei jeder meiner Afrikareisen neu lerne. Es kommt darauf an, sich um das Nächstliegende zu kümmern. Einen Schritt nach dem anderen zu tun und die Sorgen aufzuschieben, bis sie das Nächstliegende geworden sind. Dann finden sich Lösungen, davon ist Adane überzeugt. Und nicht nur er, die meisten Afrikaner, die ich kenne, überraschen mich immer wieder mit ihrem Grundoptimismus.

So bleibe ich neugierig darauf, wie die Kinder zurück nach Hause kommen und wann sie wieder zur Schule gehen. Und beneide sie ein kleines bisschen um die Ferien in der afrikanischen Savanne, um die Gesellschaft von Pavianen und um die Geschichten am nächtlichen Feuer.

Im späten Oktober telefoniere ich mit Adane, als er gerade die Rückkehr der Kinder nach Hause und in die Schule vorbereitet. Dafür braucht er einen Minibus. Den zu besorgen, ist im kriegsgezeichneten Äthiopien eine Herausforderung. Die Benzinpreise sind in den letzten Monaten um ein Vielfaches gestiegen, sie sind inzwischen höher als in Deutschland. Glücklicherweise hat Adane einen reichen Bruder, der ihn unterstützt. Die Organisation der Rückreise wird noch dadurch erschwert, dass die Kinder in Kenia nicht – wie von Adane gewünscht – zusammen an einem Ort geblieben sind. Jedes Mädchen hat einen anderen Blutsverwandten besucht und nun muss Adane die Information über die Rückreise an viele Orte in der kenianischen Savanne bringen. Nicht überall gibt es Telefone, so dass manchmal auch die »Post auf zwei Beinen« entsandt werden muss. Insgesamt aber ist Adane optimistisch, rechtzeitig zu Schulbeginn mit den Kindern wieder in Chelenko zu sein.

»Schick Fotos«, bitte ich ihn noch, denn ich möchte meine Texte im Blog gern bebildern.

Fotos bekomme ich nicht, denn als Adane eine Woche später anruft, ist er froh, dass er nun mit allen Kindern heil in Yabello, einer Stadt im Süden Äthiopiens, angekommen ist. Es hatte nämlich viele Meldungen über Überfälle in der Savanne gegeben, so dass er sich entschloss, einen anderen Weg nach Yabello zu nehmen, der einen Umweg von etwa 80 Kilometern bedeutete. Wegen dieses Umwegs konnten die Kinder nicht noch einmal bei ihren Eltern in der Savanne vorbeifahren, um sich zu verabschieden. Es schien einfach zu gefährlich.

»Morgen früh um drei Uhr fahren wir los nach Chelenko«, sagt Adane.

»Dürft ihr nachts überhaupt fahren?«

Mit der Meldung über den jetzt im ganzen Land herrschenden Ausnahmezustand hat es Äthiopien dieser Tage mal wieder in die deutschen Hauptnachrichten geschafft.

»Ja, das ist erlaubt. Es gibt nur dauernd Kontrollen auf Waffen. Aber die machen uns nichts aus, denn wir haben ja nichts. Und dann sind wir morgen Abend oder allerspätestens übermorgen Vormittag in Chelenko.«

»So schnell? Es sind doch bestimmt 800 Kilometer?«

»Der Fahrer ist schnell.«

Ich zweifle still, denn ich erinnere mich noch gut an eine knapp zwölfstündige Autofahrt von Addis Abeba nach Bahir Dar. Fünfhundert Kilometer über holprige äthiopische Straßen. Dabei war das schon eine ziemlich neue Straße, die allerdings schon wenige Jahre nach ihrer Errichtung tiefe Bodenwellen auswies. So schlecht bauen die Chinesen in Afrika, hatte ich damals gehört. Aber ich möchte nicht die Besserwisser-Weiße sein und bitte Adane nur noch einmal um Fotos. Er verspricht, mir welche zu schicken.

Überrascht bin ich nicht, als Adane erst drei Tage später meldet, dass die Kinder in Chelenko angekommen sind.

»Du warst wohl doch etwas zu optimistisch.« Das kann ich mir nicht verkneifen.

»Afrikanisch eben«, sagt Adane und ich bin nicht sicher, ob er seinen Optimismus oder die lange Fahrt meint. Dann gesteht er mir, dass ich leider keine Fotos bekommen kann, denn er hat sein Telefon unterwegs bei einem Überfall eingebüßt. Irgendwo auf der Strecke waren sie von maskierten, bewaffneten Männern angehalten und zur Herausgabe ihrer Wertsachen gezwungen worden. Bei Adane selbst gab es nur das Telefon zu holen, bei dem Fahrer leider das ganze Geld, das Adane ihm vor der Fahrt bezahlt hatte. »Zum Glück hatte ich ihn vorher bezahlt. Er hat mir sehr leidgetan, aber ich habe kein Geld, um ihn noch einmal zu bezahlen.«

Der Fahrer meinte übrigens, an den Stiefeln der Räuber erkannt zu haben, dass es sich um Soldaten der äthiopischen Armee und nicht sonst üblichen Banden gehandelt hätte. Immerhin waren sie so freundlich, den Beraubten ihre SIM-Karten zu überlassen. »Vermutlich, damit wir die Telefone nicht orten können.«

Die Fotos hatte Adane auf dem Telefon gespeichert, aber inzwischen sind mir die Fotos egal, ich bin froh, dass nichts Schlimmeres passiert ist. Adane selbst hat den Überfall ebenfalls gedanklich abgehakt, er muss sich um die Anmeldung der Kinder in der Schule kümmern und darum, endlich wieder Geld zu verdienen. Vielleicht bekommt er einen Auftrag vom Internationalen Roten Kreuz, das an den Rändern der Kriegsgebiete in den Provinzen Amhara und Tigray Flüchtlingsunterkünfte bauen will. Er ist mit einem Chef der Organisation in Verhandlung. Vielleicht zahlt es sich jetzt noch einmal aus, dass Adane in Deutschland sowohl Gesellen- als auch Meisterbrief auf dem Bau erworben hat.

Am Nachmittag bekomme ich dann doch noch ein Foto – in schlechter Auflösung, aber immerhin – von einigen der Mädchen: Erholt, wieder zu Hause und voller Vorfreude darauf, wieder zur Schule gehen zu können.

Eine gute und eine schlechte Nachricht

November 2021

»Ich habe eine gute und eine schlechte Nachricht«, begrüßt Adane mich am Telefon irgendwann Mitte November.

Die gute Nachricht ist, dass er einen Job hat. Er wird – zusammen mit internationalen Kollegen vom Roten Kreuz und vom Roten Halbmond – Flüchtlingsunterkünfte in Dese bauen, einer Stadt in der vom Krieg betroffenen Provinz Amhara. Endlich wieder eigenes Geld verdienen. Und weil Adane einen Meisterbrief als Maurer/Fliesenleger aus Deutschland hat, wird er sogar zwölf Euro am Tag verdienen, für äthiopische Verhältnisse gutes Geld. Wobei man das mit dem guten Geld nur in Relation zu anderen Einkommen sehen darf, in einem Land, in dem z.B. Benzin teurer ist als in Deutschland, sind auch zwölf Euro pro Tag kein wirklich guter Verdienst.

Die schlechte Nachricht ist, dass in Dese bei Kämpfen zwischen Rebellen und der äthiopischen Armee am Tag zuvor 480 Menschen umgekommen sind. Es ist kein Ort, an dem irgendjemand jetzt sein möchte. Auch Adane nicht, aber er hat keine Wahl. Denn beinahe zeitgleich mit dem Angebot bestätigte sich das Gerücht, das bereits seit Beginn des Sommers die Runde machte: Die Schulgebühren werden massiv erhöht. Die Staatskassen sind leer, und viele Lehrer sind in den Krieg gezogen. Die Schulgebühren sollen den Städten und Gemeinden die Möglichkeit geben, neue Lehrer einzustellen. Immerhin sei das für ein ganzes Jahr, sagt Adane. Den wütenden Eltern, die nach dieser Meldung im ganzen Land protestierten, versprach Ministerpräsident Abiy Ahmed, es sei das letzte Mal, dass die Eltern überhaupt Schulgebühren zahlen müssten, solange er und seine Partei an der Macht bleiben.

»Rechnet Abiy damit, nicht mehr lange an der Macht zu bleiben?«, frage ich sarkastisch.

Adane lässt meine Bemerkung unkommentiert. Ihn kostet die Entscheidung zweihundert Euro, denn er schickt zehn Kinder zur Schule. Ich sage ihm zu, mein Versprechen vom Anfang des Sommers einzulösen und das Schulgeld aufzutreiben. Wenigstens kann ich etwas tun, was mich davon ablenkt, wie traurig mich das alles macht. Ich habe Äthiopien 2018 als ein freundliches Land kennengelernt, dessen Bewohner hoffnungsvoll in eine Zukunft blickten, die sie selbst gestalten wollten. Große Hoffnungen ruhten auf Abiy Ahmed, der nun eine von zwei Kriegsparteien anführt. In einem Krieg, in dem es für viele Äthiopier nur noch ums Überleben geht.

Wir telefonieren am nächsten Tag erneut, inzwischen hat meine Mutter freundlicherweise das Schulgeld für Adane und die Kinder zur Verfügung gestellt. Dafür hat sich die Situation in Dese verschlechtert: In der Nacht sind alle internationalen Arbeiter evakuiert und nach Addis Abeba gebracht worden. Die äthiopischen Arbeiter werden also allein die Flüchtlingsunterkünfte bauen.

»Das bedeutet natürlich, dass ihr nicht mehr so gut geschützt seid.«

»Ganz genau. Ich habe mein Testament gemacht. Damit die Kinder dann wenigstens das Haus haben, das ich für alle gebaut habe. Und das Geld, das ich jetzt verdiene.«

Ich schweige. Was soll ich darauf schon antworten? Was soll aus den Kindern werden, wenn Adane nicht mehr ist?

Als hätte er meine Gedanken erraten, sagt er: »Wenn ich es bloß so lange schaffe, bis alle Kinder wenigstens einen Zehnte-Klasse-Abschluss haben. Damit können sie einen Job finden. Es ist das Einzige, was ich noch erreichen muss.«

»Das wirst du«, sage ich mit dem schwachen Versuch, überzeugend zu klingen.

Offensichtlich gelingt das nicht wirklich gut, denn Adane sagt: »Mach dir keine Sorgen. Es wird alles gut gehen.«

Dann zählt er auf, was man ihnen versprochen hat: »W-LAN. Ich kann dich also anrufen. Einzelunterkünfte. Wir Äthiopier bekommen normalerweise Mehrbettzimmer, aber das wollen die internationalen Arbeiter nicht. Die sind jetzt weg und also sind die Zimmer frei. Wie es mit Essen aussieht, weiß ich nicht. Ich nehme Gerste mit.«

Gerste, das habe ich von Adane gelernt, ist sehr proteinhaltig und außerdem gut verfügbar, deshalb bietet sie sich an für die Verpflegung unterwegs. Man kann verschiedene Gerichte daraus bereiten, am einfachsten ist Brei. Auf der letzten Baustelle, auf der Adane gearbeitet hat, hat er wochenlang

Gerstenbrei gegessen, weil es nichts anderes gab. Eine Frage muss ich noch stellen: »Haben die Kinder meine Kontaktdaten?«

»Sie haben alles. Wenn ich tot bin, werden sie sich bei dir melden.«

Ich verkneife mir den Satz, der mir auf der Zunge liegt: So habe ich es nicht gemeint. Denn ich habe es so gemeint und wir wissen es beide. So sage ich nur wie immer: »Lass von dir hören.« Und füge hinzu: »Pass auf dich auf.«

»Das mache ich.« Hoffentlich wird das reichen.

Wohl ist mir nicht bei dem Gedanken, dass Adane jetzt im Kriegsgebiet Flüchtlingsunterkünfte baut, aber er hat keine Wahl. Unruhig warte ich auf Nachricht. Nach vier Tagen höre ich von ihm.

»Die Pläne haben sich geändert. Ich gehe nach Djibouti.«

»Ist es dort sicher?«

Adane holt etwas weiter aus: Als er in Addis Abeba angekommen ist, von wo aus er mit achtzehn weiteren äthiopischen Bauarbeitern für das Internationale Rote Kreuz nach Dese fahren sollte, ist der Plan aus Sicherheitsgründen aufgegeben worden. Alle Bauarbeiter sind nach Hause geschickt worden. Sie sollen sich bereithalten, für bald, wenn die Lage sich verbessert hat. Der Schotte, der ihnen dies mitteilte, erzählte Adane auch, dass es noch ein anderes Problem gibt: Die Teile für die Fertighäuser, die an vier verschiedenen Standorten in Äthiopien errichtet werden sollen, liegen noch am Hafen in Djibouti. Aber: Es gibt niemanden, der die Ladung so aufteilen kann, dass die Teile korrekt auf alle vier Orte verteilt werden. Niemand kennt sich mit Fertighausbau aus. Adane zögert nicht eine Sekunde. »Ich kann das. Ihr kennt meine Referenzen und wisst, dass ich Ahnung vom Bau habe. Fertighäuser habe ich schon gebaut.« In Singapur, aber das sagt er nicht, es würde nur verwirren: Ein Äthiopier mit deutschen Zeugnissen, der in Singapur Fertighäuser gebaut hat. Eine zu lange Geschichte für den Schotten, dessen Gesicht sich aufhellt. Zeichnet sich hier eine Lösung für sein Problem ab? Vor seinem nächsten Satz holt Adane tief Luft: »Für fünfhundert Euro pro Tag mache ich das.«

Ich sehe förmlich, wie der Schotte die Augen aufreißt. Eben noch sollte Adane für zwölf Euro am Tag Häuser bauen. Andererseits: Irgendjemand muss die Teile von Djibouti aus verteilen. Er muss das mit seinem Chef besprechen. Eine halbe Stunde später ist der Deal besiegelt. Adane bekommt zwei Tage für seinen Auftrag und tausend Euro. Dafür hätte er ein halbes Jahr arbeiten müssen.

Als Adane mir das erzählt, ist er schon in Dire Dawa, etwa 150 Kilometer von der Grenze zu Djibouti entfernt; morgen fährt er dorthin. Sicher sei es, denn die Grenze zwischen Äthiopien und Djibouti ist gut bewacht – von beiden Seiten. Adane hat das Geld schon bekommen und vor allem auch seinen Status verbessert. Ein paar Tage zuvor noch ist er noch mit einem Sammelminibus nach Addis Abeba gefahren, jetzt ist er von dort aus geflogen. Und man hat ihm nicht nur das Flugticket bezahlt, sondern auch einen Wagen mit Chauffeur geschickt, der ihn vom Flughafen ins Hotel gebracht hat – in eines der besten Häuser am Platz.

»Und da hast du dir gleich eine Runde Kat gegönnt?«, frage ich, denn mir fällt auf, dass seine Sprache ein bisschen verlangsamt ist. So, wie ich es von den Männern in den nachmittäglichen Kathrunden kenne, bei denen ich 2018 zu Gast war – ohne selbst zu kauen.

Entrüstet verneint Adane. »Aber ich musste vorhin mit dem Schotten Whisky trinken. Zwei Single Black Label – und das, nachdem ich seit fast zwei Jahren nicht einen Tropfen Alkohol getrunken habe.«

Bevor wir uns verabschieden, bittet er mich ein bisschen kleinlaut: »Drück mir die Daumen, dass ich das jetzt auch wirklich hinkriege.«

»Klar kriegst du das hin. Aber jetzt solltest du besser schlafen. Melde dich, wenn du zurück bist.«

Und während Adane in Dire Dawa hoffentlich gut schläft, freue ich mich darüber, dass ihn das Glück auch diesmal nicht verlassen hat. Es zieht sich durch sein ganzes Leben: Auf größte Verzweiflung folgt ein Glücksfall. Er hat nie aufgehört, darauf zu vertrauen.

Ein paar Tage später meldet er, dass in Djibouti alles bestens gelaufen ist und der Schotte ihn gerade zu seinem Helden erklärt hat. Vielleicht verhilft er Adane sogar zu einer neuen beruflichen Perspektive. Die Finger einer Hand reichen nicht, um zu zählen, der wievielte Neustart in seinem Leben es wäre.

Wann die Flüchtlingsunterkünfte gebaut werden, weiß im Moment niemand. Der Bürgerkrieg breitet sich immer weiter aus. Inzwischen haben die westlichen Botschaften ihre Staatsbürger aufgefordert, alle noch möglichen regulären Flüge zur Ausreise zu nutzen. Man rechnet damit, dass der Krieg auch in die Hauptstadt kommt. Und ich denke daran, wie naiv ich 2018 war, als ich mich von Adane verabschiedet habe. Er sagte damals: »Hoffentlich sehe ich dich wieder.«

»Klar«, sagte ich, »spätestens in zwei Jahren komme ich und wir sprechen über das Buch, das ich über dein Leben schreibe.«

In meiner Welt schien das so einfach. Zwar hat auch hier die Sicherheit durch Corona einen Knacks bekommen. Doch in Adanes Welt ist Corona das kleinere Übel, die Unsicherheiten waren schon immer größer. Wieder einmal frage ich mich, woher er immer wieder seinen Optimismus nimmt und die Kraft, weiterzumachen und auf den nächsten Glücksfall zu vertrauen.

Eine gute Nachricht von Adane

Dezember 2021

Nein, die gute Nachricht ist leider nicht, dass der Krieg in Äthiopien vorbei ist. Zwar hat sich die Rebellenarmee der TPLF zu Friedensverhandlungen bereiterklärt, was ein Fortschritt ist, aber ob Regierung und Rebellen sich einigen werden und wie lange es dauert ...

Und doch gibt es gute Nachrichten von Adane, der seinen zuletzt ausgeübten Beruf als Touristenguide zuerst corona- und dann kriegsbedingt seit März 2020 nicht mehr ausüben kann. Er hielt sich und »seine« Kinder mit Spenden aus Deutschland und schlechtbezahlten Jobs auf dem Bau über Wasser. Glücklicherweise haben die beiden ältesten »seiner« Kinder inzwischen eine Ausbildung und ein Studium abgeschlossen und unterstützen ihn von ihrem Lohn. Und er selbst verdient auch wieder regelmäßig Geld. Wenn es gut läuft – was man in einem Land wie Äthiopien nie wissen kann – hat er gerade den letzten beruflichen Wechsel seines Lebens vollzogen. Mit Mitte sechzig.

Als ich ihn am zweiten Weihnachtsfeiertag anrufe, ist er überrascht: »Ich versuche seit Tagen erfolglos, Freunde und Bekannte in Europa anzurufen, aber offenbar sind die Leitungen gekappt. Aber innerafrikanisch klappt es. Wow.«

Ich bin nämlich in Dakar, verbringe mein erstes afrikanisches Weihnachten und bin noch ganz begeistert davon, bei 25 Grad Außentemperatur um einen künstlichen Weihnachtsbaum zu tanzen und *Let it snow* mitzugrölen. Wir müssen beide darüber lachen, ehe Adane erzählt, dass er Weihnachten in diesem Jahr ausfallen lassen musste. Ohnehin ist das Weihnachtsfest in Äthiopien im Dezember immer sehr exotisch, denn das orthodoxe Weihnachtsfest ist dort erst am 7. Januar. Aber mit Gott hat Adane es nicht so. Und da er sich nach mehr als 20 Jahren, die er in Deutschland gelebt hat, als halber Deutscher fühlt, hat er jedes Jahr für »seine« Kinder deutsche Weihnachten veranstaltet. Mit einem selbstgepflückten Baum (ich korrigiere diesen seltenen Fehler in seinem Deutsch nicht) und Geschenken. Im vergangenen Jahr war das Geschenk für jedes Kind ein Kugelschreiber, den er irgendwo als Werbegeschenk abgestaubt hatte.

In diesem Jahr gab es nicht einmal das, denn er hatte kein Geld und auch keine Zeit, um irgendwo Werbegeschenke aufzutreiben. Denn alle Zeit und sein letztes Geld (zusammen mit Geld von deutschen Freunden) sind in eine Schreinerei geflossen, deren Teilhaber er seit neuestem ist. Ich hatte das alles nur am Rande verfolgt, weil ich zu sehr mit meiner Abreise nach und meiner Ankunft in Afrika beschäftigt war. Erst jetzt haben wir Zeit, ausführlich darüber zu sprechen. Der Vorbesitzer der Schreinerei ist im Krieg gefallen – einer von Tausenden. Seine Witwe wollte die Schreinerei für 10.000 Euro verkaufen, was Adanes Mittel weit überstiegen hätte. Also machte er ihr einen Vorschlag: Sie bekommt sofort 2.000 Euro und bleibt Teilhaberin. Auf lange Sicht ist das für sie besser als eine einmalige Summe. Und nun ist Adane Teilhaber einer gutgehenden Schreinerei, die in der Vergangenheit vor allem für die Regierung gearbeitet hat. Und Adane hat selbst bereits einen Regierungsauftrag akquiriert.

»Ich arbeite sechzehn Stunden am Tag«, sagt er und ich habe ihn lange nicht so glücklich gehört.

»Ich dachte, Du bist der Chef und lässt arbeiten?«

»In acht Monaten etwa wird es vermutlich etwas besser. Ich habe nur einige der früheren Angestellten übernommen, die ich erst anlernen muss. Zum Teil haben sie vorher nur als Helfer gearbeitet und noch nie eine der Maschinen angefasst.«

Jetzt zahlt sich nicht nur Adanes deutsche Ausbildung auf dem Bau aus, sondern auch die Tatsache, dass er für die Philip Holzmann AG auch als Ausbilder gearbeitet hat.

»Vor allem habe ich Frauen eingestellt. Ich wusste nicht, dass mich Kinder so rühren. Wenn eine Frau mit drei oder vier Kindern vor mir steht, die sie allein durchbringen muss, kann ich nicht nein sagen. Jetzt habe ich elf Frauen und sieben Männer als Angestellte.«

»Du bist also zuversichtlich, dass du genug Aufträge bekommen wirst?«

»Der Mann vom Bildungsministerium meinte, dass ich bestimmt die nächsten drei Jahre gut zu tun haben werde.«

»Weil im Krieg so viel zerstört wurde?«

»Ganz genau. Jetzt sorgt der Krieg, den ich so sehr hasse, dafür, dass ich Geld verdiene ...«

Ich kann förmlich sehen, wie er darüber den Kopf schüttelt, nicht sicher, welches Gefühl überwiegt: Der Hass auf den Krieg oder die Erleichterung darüber, wieder arbeiten zu können. Die Pause zwischen uns ist die, die sich immer in unsere Gespräche schleicht, wenn das Thema zu komplex ist. Am Ende der Pause sagt Adane: »Ich wünschte, du könntest dich jetzt – nur für dreißig Minuten oder so – von Dakar hierher beamen, damit ich dir meine Werkstatt zeigen kann.«

»Vielleicht macht ihr ja wirklich Frieden. Dann kann ich dich bald besuchen. So richtig, mit Flugzeug und für länger und so.«

»Das wünsche ich mir von ganzem Herzen.«

Dem schließe ich mich mit ganzem Herzen an: Möge das nächste Jahr Frieden für Äthiopien bringen.

SENEGAL

Der Pulsschlag Afrikas: Reisen und Lesen im Senegal

November 2017/Januar 2018

Kürzlich fragte mich eine Freundin nach Buchempfehlungen – gern aus warmen Regionen, sagte sie, denn im Winter lese sie bevorzugt Bücher, die in der Sonne spielen. Nichts leichter als das, denn meine Bibliothek vor allem afrikanischer Literatur wächst stetig.

Im vergangenen November habe ich mich einer ganz bestimmten Region mal wieder etwas intensiver gewidmet, weil ich gereist bin. Der Senegal ist ein kleines, eher unauffälliges Land im Westen Afrikas, eine frühere französische Kolonie, gut halb so groß wie Deutschland. Mitten in die weiten, sandigen Flächen der Savanne hat hier und da jemand einen Strauch oder Baum getupft. In den Dörfern sitzen Familien vor Hitze geschützt unter den Bäumen, die Frauen stürmen zu den durchreisenden Autos, in der Hoffnung, Wasser, Erdnüsse oder Orangen zu verkaufen. Wilde Tiere, die der Reisende erwarten mag, gibt es hier kaum mehr, woran die alten Kolonialherren nicht unschuldig sind, wie an manch anderem. Die Afrikaner tragen es ihnen nicht nach, gestatten ihnen Erholung an der Petite Côte und behalten die Hauptstadt für sich. Denn wer sich nicht auskennt, geht leicht verloren, und auf Taxifahrer kann man sich nicht verlassen.

Vom Reisen und Lesen im und über den Senegal erzählt dieser Text, um etwas Sonne in den grauen deutschen Winter zu bringen. Besser ist natürlich, Sie reisen selbst in die Sonne – ich kann es nur empfehlen. Aber lesen Sie selbst.

Seit ich 2013 zum ersten Mal in Saint Louis an der westafrikanischen Küste war, träume ich davon, dort einmal meinen Winter zu verbringen und unter afrikanischem Himmel im Charme einer verfallenen Kolonialstadt einen Roman zu schreiben. Im vergangenen Oktober musste ich mir eingestehen, dass ich auch in diesem Winter die meiste Zeit in Deutschland sein werde, und beschloss, wenigstens für ein paar Tage in das kleine Städtchen mit den bunten Häusern zu fahren.

Ich buchte mir ein Zimmer im Hotel du Palais, um in einer Woche im November afrikanische Sonne und Gelassenheit für einen grauen Berliner Winter zu tanken. Darüber, wie ich dorthin kommen würde, dachte ich erst anschließend nach. Natürlich würde ich nicht auf die luxuriöse Art reisen wie beim letzten Mal, als wir auf einer Rundreise zu viert von einem Fahrer und einem Reiseleiter begleitet wurden, die stets dafür sorgten, dass uns die Widrigkeiten afrikanischen Lebens nur marginal behelligten: Stets war das – moderne – Auto vollgetankt, Staus wurden weitgehend umfahren, es war immer genug zu essen da, und wenn die ganze Straße keinen Strom hatte, wohnten wir in einem Hotel mit Stromaggregat. Ibrahim wusste, wo es saubere Toiletten gab, und sorgte für ausreichend Trinkwasser. Diesmal würde ich mich um all das selbst kümmern, wälzte schon mal Reiseführer und fand heraus, dass ich von Dakar nach Saint Louis mit einem öffentlichen Verkehrsmittel – einem Taxibus oder einem »Sept-Places« – fahren würde und diese Fahrzeuge sehr alt sind.

Nebenbei las ich Gedichte von Léopold Sédar Senghor (1906–2001), dem ersten Präsidenten des seit 1960 von Frankreich unabhängigen Senegal, der außerdem Dichter war. »Wir werden schwelgen, Freundin« ist eine französisch-deutsche Ausgabe seiner Gedichte, die 1984 im Verlag Volk und Welt (Ost-)Berlin erschienen und antiquarisch gelegentlich noch erhältlich ist. Es gibt auch ein paar West-Ausgaben mit Gedichten und Essays von ihm, aber mich rührt die auf einer Schreibmaschine niedergeschriebene Zusammenfassung aus Ostzeiten der Bibliothek: »Er übt Kritik an den weißen Unterdrückern, setzt sich für den Frieden ein ...« Kein Wort über Senghors umstrittene Rolle als afrikanischer Langzeitpräsident (1960–80), dem Kritiker vorwerfen, Frankreich auch nach der Unabhängigkeit zu viel Einfluss in der ehemaligen Kolonie zugestanden zu haben. »Lauschen wir dem dumpf pochenden Pulsschlag Afrikas im Nebel verlorener Dörfer«, sagt Senghor, und ich fragte mich, ob mir das gelingen würde.

Vorher musste ich noch ein paar Dinge erledigen: Ich buchte einen Flug nach Dakar und ein Zimmer bei Einheimischen – dort lässt sich dem Pulsschlag Afrikas womöglich besser lauschen als in einem Hotel. Ich besorgte mir weitere Bücher senegalesischer Autoren, ließ meine Impfungen auffrischen und las die Reisehinweise des Auswärtigen Amtes: Senegal sei ein Land nahezu ohne Gewaltkriminalität, erzählte ich meiner Mutter am Telefon. Allerdings habe es in letzter Zeit hin und wieder Entführungen von europäischen Frauen gegeben, die angebliche Internetbekanntschaften besuchen wollten und erst nach Zahlung von Lösegeld wieder freigelassen wurden. Das erzählte ich meiner Mutter nicht. Ich wollte keine Internetbekanntschaft besuchen, hatte nur ein Zimmer bei Einheimischen gebucht.

Da ich abends angereist bin, verbringe ich die erste Nacht in einem Hotel. Von dort aus absolviere ich am nächsten Vormittag erste Erkundungsgänge. Die farbenfrohen Gewänder der Frauen und die Sonne zaubern mir ein Lächeln ins Gesicht, das einem Unbehagen weicht, als ich am Generalkonsulat von Frankreich ein Hinweisschild »Schengen-Visa« entdecke und das Gewimmel von Menschen davor betrachte. Ich bin ohne ein Visum eingereist, wie man es in den meisten Ländern der Erde einfach macht – als Europäerin. Ich besorge mir eine Telefonkarte und Trinkwasser, verlaufe mich im Chaos und Lärm des Verkehrs und finde mein Hotel durch einen glücklichen Zufall wieder. Mit angehaltenem Atem schleiche ich an den in bunte Boubous gekleideten Männern vorbei, die am frühen Nachmittag überall in der Stadt – auf Straßen, Kreuzungen, in Hauseingängen – für ihr Gebet niederknien und die Stadt in einen Ort der Stille und der Andacht verwandeln. Kurze Zeit später, als die Straßen nach dem Freitagsgebet wieder von ständig hupenden Autos verstopft sind, stehe ich mitsamt meinem Gepäck dort, wo laut meiner Karte und Adressangabe mein Privatquartier sein soll. Nur gibt es in der Rue de Essart keine Nummer 22. Wenigstens steht vor einem nach Bank aussehenden Gebäude ein Wachmann, der sich hilfsbereit zeigt und zur Unterstützung einen Fußgänger heranwinkt. Dem Mann im hellblauen Boubou vertraue ich sofort. Worüber ich froh bin, denn ich weiß gerade nicht, ob für den Anbieter meines Privatquartiers das Gleiche gilt. Bin ich einem Betrug aufgesessen? Aber da ich noch nichts bezahlt habe, kann das nicht sein. Zu dritt diskutieren wir eine Weile, dann wähle ich die angegebene Telefonnummer. Am anderen Ende der Leitung nimmt eine Frau ab und überschüttet mich mit einem Schwall Französisch, dessen Tempo dem meiner Pariser Freunde gleicht und das vom typisch afrikanischen Akzent durchsetzt ist. Für einen Moment sehne ich mich in das komfortable Hotel zurück, ehe ich das Telefon an den Mann meines Vertrauens weiterreiche. Er übersetzt in langsames Französisch: Ich müsse zum *Monument de la Renaissance africai-*

ne fahren und dann noch einmal anrufen, dort würde ich abgeholt werden. Das sei doch am anderen Ende der Stadt, protestiere ich, aber das Telefonat ist schon beendet. Mein Retter in Hellblau ruft ein Taxi, handelt einen guten Preis für mich aus, sorgt dafür, dass ich mein Gepäck vollständig mitnehme, und bleibt stehen, bis sich das Taxi in den Freitagnachmittagsverkehr einfädelt.

Der Pulsschlag Afrikas ist eine Autohupe, die der Taxifahrer vorsorglich etwa alle dreißig Sekunden betätigt. Und das *Monument de la Renaissance africaine* ist mit einer Höhe von neunundvierzig Metern das größte Monument Afrikas. Ich habe es am Abend zuvor schon kopfschüttelnd betrachtet – es ist gigantisch, sowohl in Größe als auch stilistisch.

Dort angekommen, telefoniere ich erneut und verstehe, dass der Bruder der Vermieterin jeden Moment hier sein und mich abholen wird. Ob er mich erkennen wird? Vermutlich, denn ich bin die einzige Weiße. Kurze Zeit später stürzt tatsächlich ein junger Mann auf mich zu und stellt sich als Nar vor. Es sei nicht weit, sagt er, aber wir würden trotzdem mit dem Auto fahren. Entführung, flüstert eine Stimme in meinem Hinterkopf, aber Nar hat meinen Rucksack bereits im Kofferraum verstaut und sieht eigentlich vertrauenswürdig aus. Außerdem habe ich nicht wirklich eine Wahl – irgendwo in Dakar, erschöpft und der Sprache nur halbwegs mächtig.

Der Blick von der Dachterrasse meiner Gastgeber ist fast so gut wie vom Hotel; mein Zimmer in der Erdgeschosswohnung mit Bett und Tisch allerdings viel spartanischer eingerichtet und die Dusche hat kein warmes Wasser. Yacine, Nars Mitbewohnerin, bereitet gerade riesige Mengen Couscous für eine Abschiedsparty zu, denn morgen wandert sie in die USA aus. Weil sie dazu alle Gemeinschaftsräume im Erdgeschoss besetzt, nehme ich Nars Einladung auf die Dachterrasse gern an.

Von oben sehe ich Hütten aus Wellblech und eine aus Pappkarton, viele halb fertige und einige fertige mehrstöckige Häuser sowie dazwischen einen Esel und ein Pferd, die am Straßenrand angepflockt sind. Ein ganz normales Viertel in Dakar, vermute ich.

Wir trinken Bier; obwohl sich die Mehrzahl der Bewohner des Senegal zum Islam bekennt, bekomme ich überall Bier und es stört auch niemanden, wenn ich welches trinke. Während das Nachmittagslicht in Dämmerung und schließlich in Dunkelheit übergeht, finden sich auf dem Dach Khady, Nars Schwester, weitere Hausbewohner und ein paar Freunde ein. Khadys Sohn Mohammed tapst mit dem Lächeln des Kindes, das sich geliebt weiß, von einem Gast zum nächsten. Zur Vertrauensbildung schneide ich eine Grimasse, auf die er glucksend antwortet, ehe er sich wieder hinter seiner Mutter versteckt. Khady bringt mir ungefragt einen Teller Reis mit Huhn. Ich bin froh, denn ich bin viel zu müde, um noch zum Essen auszugehen. Und auch zu müde, mich darüber zu wundern, wie schnell ich in die Gemeinschaft dieser Leute aufgenommen wurde, die ich drei Stunden zuvor noch gar nicht kannte.

Später im Erdgeschoss bekomme ich noch einmal ungefragt Essen: Couscous mit Hühnchen. Ich hocke mich zu Yacines zwanzig oder dreißig Gästen, die auf abgenutzten Sofas oder auf dem Boden sitzen, leise miteinander reden und essen. Hier gibt es keine lauten Stimmen, kein dröhnendes Lachen, man unterhält sich einfach leise und dennoch angeregt. Vielleicht liegt es daran, dass niemand Alkohol trinkt. Keiner spricht mit mir, nur einige Kinder mustern mich scheu und bald darauf ziehe ich mich zurück in mein Zimmer und lasse ich mich vom Stimmengemurmel aus der Halle in tiefen, ruhigen Schlaf begleiten.

Am nächsten Morgen bietet Nar sich als Begleiter für einen Tagesausflug nach Ngor an. Die kleine Insel vor Dakar wird sowohl von Touristen als auch von Einheimischen zur Erholung besucht.

Mit einer kleinen Piroge setzen wir vom Festland über. Mit einem ähnlichen, etwas größeren Boot sind nicht weit von hier die Helden des Buches »Die Piroge« nach Europa gestartet. Vom Autor Abasse Ndione heißt es, er würde seine Bücher zunächst auf Wolof (der am weitesten verbreiteten Stammessprache im Senegal) entwerfen und anschließend ins Französische übersetzen – die meisten senegalesischen Autoren schreiben direkt auf Französisch. »Die Piroge« würde ich mit seinen ca. 65 Seiten keinen Roman nennen, aber mich hat die Erzählung über die dreißig Menschen, die von Dakar aus ihren Weg nach Europa antreten, berührt. Sparsam umreißt Ndione die Gründe der einzelnen Reisenden, die mutig den Weg in eine verheißungsvolle Zukunft starten. Übers Meer, obwohl die meisten von ihnen nicht einmal schwimmen können. Beinahe geht alles gut, tagelang bleiben Wetter und Stimmung stabil, ehe das Schiff knapp vor dem Ziel Europa von einem Sturm heimgesucht wird.

»Die Piroge« ist übrigens auch verfilmt und mit vielen europäischen Filmpreisen bedacht worden.

Da mein Französisch allmählich wieder konversationstauglich wird und Gazelle, das heimische Bier, die Zunge löst, erfahre ich mehr über Nar, der erst kürzlich zurückgekehrt ist. Fünfzehn Jahre hat er in Frankreich gelebt, die Papiere für die Familie hat sein Großvater für seinen Kampf im Zweiten Weltkrieg an der Seite Frankreichs gegen die Deutschen bekommen. In Toulouse hat er gearbeitet, war verheiratet und hat seine Eltern und Geschwister vermisst. Jetzt vermisst er seine Tochter. Aber er will sich hier im Senegal wieder ein Leben aufbauen, nach der Scheidung, über die er nur sagt, dass sie sehr schmerzhaft war. Es tue dem Land gut, dass Leute wie er nach und nach zurückkehren und ihre Erfahrungen in das Land zurückbringen, sagt er optimistisch. Über sein Leben in Frankreich erzählt er wenig, aber das tut Fatou Diome in »Der Bauch des Ozeans«. Die senegalesische Einwanderin in Frankreich schaut sich jedes große Spiel des italienischen Fußballers Maldini an, nicht etwa, weil sie selbst Fan ist, sondern weil sie so ihrem kleinen Bruder Madické zu Hause nah sein kann, während sie sich innerlich immer mehr von ihrem Heimatland entfernt. Sie arbeitet hart und spart viel Geld, das sie Madické schickt, um ihn davon abzuhalten, sich selbst auf den Weg nach Europa zu machen. Denn der will Profifußballer werden, wie sein großes Idol Maldini und wie so viele seiner Freunde. Seine Vorstellungen von Europa sind die von einem gelobten Land – aber wie soll er es besser wissen? Das Buch erzählt von den Träumen jener, die sich nach Europa sehnen, und davon, wie diese Träume entstehen. Zugleich macht es die Entfremdung jener fühlbar, die es dorthin geschafft haben, Geld nach Hause schicken und allmählich ihre Illusionen verlieren, ohne zu Hause davon erzählen zu können. Das alles erzählt Fatou Diome mit wunderbarer Leichtigkeit.

Nar scheint sich nach seiner Rückkehr aus Frankreich nicht fremd zu fühlen, er strahlt ungebrochenen Optimismus und große Freundlichkeit aus, die sich leicht überträgt. So am späten Nachmittag, als er die mit Maschinengewehren bewaffneten Soldaten grüßt. Sie stehen zur Sicherheit vor dem Präsidentenpalast, aber auch auf der Corniche. Der Anblick bewaffneter

Männer fördert mein Sicherheitsgefühl nicht. Trotzdem schließe ich mich Nars Gruß an. *Salem Aleikum* will mir nicht über die Lippen, aber mein *Bonsoir* tut es auch. Der wachsame Ausdruck auf den Gesichtern der Männer weicht für einen Moment einem Lächeln. *Aleikum Salam.*

Sonntagvormittag besorgt Nar mir ein Taxi, ich will ins IFAN, das Museum für Afrikanische Kunst. Er handelt den Preis von 2.000 CFA (ca. 3 Euro) aus und fragt den Fahrer zweimal, ob er wisse, wo das Museum sei. Der nickt, aber vorsichtshalber sagt Nar mir noch, es sei ganz in der Nähe des Parlaments, an dem wir am Tag zuvor vorbeigegangen sind. Er tut gut daran, denn zwei Mal hält der Taxifahrer am Straßenrand an, um einen Passanten nach dem Weg zu fragen, was nur bedingt weiterhilft, denn schließlich entdecke ich selbst das Museum, als wir schon fast daran vorbeigefahren sind.

Im IFAN bin ich die einzige Besucherin und bewundere die Exponate aus verschiedenen Teilen Westafrikas und ganz besonders die farbigen Stoffe, die im Obergeschoss ausgestellt sind. *Pagne* wird mit Lendenschurz übersetzt, ist aber ein großes Tuch, das auch als Kleid getragen wird. Hier finden sich *Pagnes* in allen Farben und mit gewebten, aufgedruckten oder gestickten Szenen aus dem afrikanischen Leben. Für europäische Gewohnheiten ist das Museum klein und ich denke an die vielen Kunstwerke, die hier sein sollten, stattdessen aber in europäischen Museen ausgestellt sind und frage mich, ob die afrikanischen Länder dafür wohl angemessen entschädigt wurden.

Auf der Rückfahrt bin ich froh, dass ich am *Monument* wohne, denn das kennt hier wirklich jeder. Ich wende an, was ich inzwischen von Nar gelernt habe – als der Taxifahrer 5.000 CFA verlangt, schüttle ich entrüstet den Kopf: »Ich kenne die Preise!« Meine Verhandlungsposition untermauere ich, indem ich einen kleinen Schritt zurücktrete und mich nach einem anderen Taxi umsehe. Wir einigen uns auf 2.500 CFA.

Eine andere Touristenattraktion lasse ich diesmal aus, die Sklaveninsel La Goree habe ich vor vier Jahren besucht. Von dort sollen in den vergangenen Jahrhunderten tausende Sklaven nach Amerika verschifft worden sein. Die Insel ist sehenswert, nicht nur wegen des Sklavenhauses, eines Museums, in dessen Gästebuch sich in den letzten Jahrzehnten prominente Besucher wie Nelson Mandela und Bill Clinton eingeschrieben haben. Es ist heute auch ein

Erholungsort, ohne Autoverkehr, mit bunt gestrichenen Häusern und einem Kunstmarkt. Von einem Hügel hat man einen Blick auf Dakar. Ich hatte damals gerade »Roots« von Alex Haley gelesen, eine Familiensaga, die in Gambia – also ganz in der Nähe – beginnt. Dort wird 1767 Kunta Kinte von Sklavenhändlern gefangen und nach Amerika verkauft. Auf 700 Seiten erzählt Haley die Geschichte von Kunta Kinte und seinen Nachfahren. Das Buch las sich nicht leicht, sprachlich war es manchmal sperrig und mich störte, dass der Autor Kunta Kinte fast 400 Seiten widmete, während die nachfolgenden Generationen auf nur 300 Seiten Raum bekamen. Und doch erinnere ich mich daran, dass mich bei der Lektüre die Ungeheuerlichkeit der Versklavung getroffen hat, die Vorstellung, eines Tages aus dem gewohnten Leben gerissen zu werden und fortan jederzeit verkauft werden zu können. Haleys Verdienst ist sicher, dass er als einer der ersten aus der afroamerikanischen Gemeinschaft die nachhaltigen Auswirkungen der Sklaverei aufgegriffen hat und die Sicht eines Betroffenen in eine breite Öffentlichkeit getragen hat, wo es auch durch die Verfilmung zu einem größeren Interesse an dem Thema geführt hat.

Moderner und ausgewogener greift Yaa Gyasi das Thema in ihrem 2017 erschienenen Roman »Heimkehren« auf, der die Geschichte zweier Schwestern aus Ghana und ihrer Nachkommen erzählt. Eine von ihnen wird im 18. Jahrhundert nach Amerika verkauft, die andere bleibt zu Hause und profitiert vom Sklavenhandel, denn der hat ihren Mann reich gemacht. Bis ins 21. Jahrhundert verfolgt Gyasi die Familiengeschichte beider Schwestern und deckt auf, wie Vergangenheit bis in heutiges Leben hineinwirkt. Das alles erzählt sie wunderbar, lebendig und ohne Schuldzuweisung oder Verbitterung – und hat mit ihrem Buch dazu beigetragen, dass sich die Welt weiterhin mit dem Thema Sklaverei auseinandersetzt.

Gleichzeitig erinnere ich mich daran, dass ich auf La Gorée entdeckte, wie tief und versteckt in mir selbst ein Schuldbewusstsein über deutsche Vergangenheit steckt. Denn ich spürte auf La Gorée eine ungeahnte Erleichterung darüber, dass Deutschland am großen Sklavenhandel nicht beteiligt war. Fast fröhlich dachte ich angesichts des Kerkers im Sklavenhaus: Hier mögen die Franzosen, Engländer, Spanier und Portugiesen ihr schlechtes Gewissen haben. Nicht, dass ich mir Illusionen über den Grund der deutschen Zurückhaltung in Afrika mache – es war schlicht ein Mangel an Gelegenheit.

Darüber denke ich nach, während wir bei Gazelle von Dakar aus La Gorée in der hereinbrechenden Dunkelheit verschwinden sehen und darüber sprechen, dass ich als Touristin ohne ein Visum in dieses Land eingereist bin, was umgekehrt für die Landsleute von Nar nicht möglich ist. Das sei ungerecht, sagt er, und er werde mir bei meiner Rückreise einen Brief für unseren Präsidenten mitgeben. Wir grinsen beide breit und ich erkläre ihm ernsthaft, dass er den Brief eher an unsere Kanzlerin schicken sollte und er nickt wissend: »Madame Kermel.« Ich vergewissere mich, ob er das Anagramm bewusst gesetzt hat, doch da ist kein Schalk in seinen Augen. Mein amüsiertes Lachen stirbt irgendwo zwischen Bauch und Gesicht, als ich mich frage, wie eigentlich der Präsident des Senegal heißt. Außer Senghor, dessen Amtszeit bereits 1980 endete, fällt mir nur Wade ein; doch der ist inzwischen auch ein Ex-Präsident.

Nar gegenüber mag ich meine Unwissenheit nicht eingestehen und lenke das Gespräch auf etwas Unverfängliches: Abendessen. Es wird Pizza geben beim Libanesen, die eine große Gruppe von Einwanderern im Senegal stellen und sich oft als Händler betätigen. Oder als Pizzabäcker, die mir eine der leckersten Pizzen meines Lebens servieren.

Auf dem Heimweg werden wir uns das erste Mal nicht mit dem Taxifahrer einig. Er ruft 5.000 CFA auf und lässt nicht mit sich handeln. Also gehen wir ein Stück zu Fuß durch die afrikanische Nacht, irgendwo in Dakar, ehe uns ein anderer Taxifahrer einsammelt und für einen anständigen Preis nach Hause bringt.

Am nächsten Tag reise ich nach Saint Louis, dem eigentlichen Ziel meiner Reise. Ich bin froh, dass Nar mich zum *Gare Routiere*, dem Busbahnhof, begleitet und für mich die Auswahl eines Fahrzeugs übernimmt. Nicht dass es viel zu wählen gäbe: Alle Autos sind mindestens dreißig, vermutlich eher vierzig Jahre alt, keines hat eine intakte Windschutzscheibe. Ich erwähne Nar gegenüber den Unfall mit über zwanzig Toten, von dem ich während meiner Reisevorbereitungen gelesen habe. Er ereignete sich kürzlich auf dieser Strecke. Er erwidert: »In Deutschland gibt es auch Unfälle, jedenfalls habe ich das schon einmal in einer Zeitung gelesen.« Touché.

Am Busbahnhof ist es laut, Autos rangieren in Schlangen hin und her, auf Handkarren wird Gepäck transportiert, und von der Marktfrau im mehrfach geflickten Kleid über den scheinbar gelangweilten Jugendlichen bis zum distinguierten älteren Herrn in feierlichem Boubou finden sich hier Fahrgäste aus allen Schichten. Sobald ein Auto seine Position einnimmt, rennen die potenziellen Mitfahrer dorthin, um die besten Plätze zu ergattern. Immer wieder gibt es Streit darum, wer auf der Mittelbank sitzen darf und wer auf die hintere Bank mit den unbequemen Plätzen verbannt wird. Gestritten wird je nach Temperament laut keifend oder mürrisch maulend, immer aber auf Wolof, das mit so vielen französischen Worten durchsetzt ist, dass ich die ganze Zeit denke, ich müsste es verstehen. Mit Nars Hilfe sichere ich mir einen Fensterplatz in der mittleren Reihe, doch erst eine Stunde später geht es los. Zunächst nur ein paar Meter, dort wird noch Ladung auf das Dach geworfen. Mit jedem Stück, das oben landet, sinken die Achsen etwas tiefer, und meine Zweifel wachsen: Fährt dieses Auto überhaupt irgendwohin? Der Fahrer selbst scheint dessen sicher, allerdings macht er den Motor – nachdem der einmal nach mehreren Versuchen ange- sprungen ist – nicht mehr aus. Nicht, während geladen wird, nicht während der Polizeikontrollen an der Strecke, nicht während der einzigen Pinkelpause, die wir einlegen, weil der kleine Junge, der hinter mir sitzt, ein dringendes Bedürfnis verspürt. Ich trinke vorsorglich nur kleine Schlucke aus meiner Wasserflasche, da ich mir hier keinen Busch suchen will. Von denen gibt es in der Savanne nämlich nur sehr wenige. Vor dem Fenster ziehen weite, sandige Flächen vorbei, auf die jemand hier und da einen Baum oder Busch getupft hat. Sobald wir durch Dörfer fahren und langsamer werden – weil eine Polizeistreife winkt oder eine Herde Ziegen über die Straße trabt – umringen Händlerinnen das Auto, bieten Erdnüsse, Orangen oder Wasser in Plastiktüten an und lassen trotz unseres energischen Kopfschüttelns erst von uns ab, wenn der Fahrer wieder Gas gibt. Wir reden nicht miteinander, alle starren vor sich hin und warten, bis diese Tortur vorbei ist. Für ein Gespräch ist es auch viel zu laut, der Fahrtwind pfeift uns durch die offenen Fenster um die Ohren. Fünf Stunden. Die ersten zwei bin ich noch neugierig auf die Gegend, auf die Menschen, die ich in den Dörfern sehe, auf alles. Doch nach zwei Stunden Fahrt vorbei an immer gleichen rötlich-gelben Sandfeldern und durch scheinbar immer wieder dasselbe Dorf mit ein paar Hütten und verzweifelten Händlerinnen wünsche ich nur noch, endlich anzukommen – meine Beine möchten sich bewegen und mein Rücken beschwert sich über das lange unbequeme Sitzen. Bei einem Schlenker schwappt eine rote Flüssigkeit von der Ladung auf dem Dach über meinen Arm und meine Hand, in einem Schwall, von dem sogar der Mann neben mir noch etwas abbekommt. Kurz gibt es Aufregung, aber wegen einer solchen Lappalie hält der Fahrer nicht an. Ich wische mir die Flüssigkeit ab und schnuppere: Farbe, Rotwein oder Blut eines frisch geschlachteten Tiers? Ich nehme mir fest vor, dem Rätsel bei Ankunft in Saint Louis auf den Grund zu gehen, aber als das Auto uns dort endlich ausspuckt, bin ich so froh, meine Gliedmaßen wieder bewegen zu dürfen, dass ich es vollkommen vergesse.

Das Hotel hat – wie die Stadt Saint Louis – seine besten Zeiten hinter sich. Überall in der Stadt zeigt sich der Verfall, mit dem man hier einfach lebt. Das Obergeschoss eines Hauses ist eingestürzt? Dann nutzt man halt nur das Erdgeschoss. Doch das Zimmer im Hotel ist groß und hoch, es gibt warmes Wasser aus der Leitung, das Moskitonetz ist ganz, und der Hotelbesitzer, ein behäbiger, freundlicher Franzose, lässt es sich nicht nehmen, jeden Gast nach seiner Zufriedenheit zu befragen. Vom Balkon aus blicke ich auf ein Gebäude, das irgendwie offiziell aussieht, dessen Eingangsschild jedoch so von Blumen in schönstem Rot überwuchert ist, dass ich nicht erkenne, was es ist.

Erst an einem der nächsten Tage wird mir klar, dass es das Gericht ist. An einem Morgen werden Gefangene vorgefahren – sechs in fröhlich-farbige Boubous gekleidete Männer, die jeweils zu zweit in Handschellen aneinandergebunden sind, werden in den Hof geführt. Einer von ihnen könnte Bakar Diop sein, der Held in Aminata Sow Falls Roman »Die wundersame Verwandlung des Bakar Diop«. Bakar tut alles für seine Frau, doch leider sind seine finanziellen Mittel beschränkt, und er weiß sich keinen anderen Ausweg als Unterschlagung. Als er nach Monaten im Gefängnis wieder nach Hause kommt, hat seine Frau einen anderen, und – was noch viel schlimmer ist – seine Lieblingsschwester spricht nicht mehr mit ihm. So von allen geächtet und ohne Chance auf einen neuen Job, greift er zu einer pfiffigen List, um wieder zu Geld zu kommen. Aminata Sow Fall ist in Saint Louis aufgewachsen, lebt heute in Dakar und ist eine der großen alten Damen der senegalesischen Literatur. Es ist ein merkwürdiger Zufall, dass ich in Saint Louis »Der Sonnenpräsident« von ihr lese und über den Hotelfernseher erfahre, dass in Simbabwe gerade Präsident Mugabe unter Hausarrest gestellt und damit das Ende seiner über dreißigjährigen Herrschaft eingeleitet wurde. Bei Sow Fall tritt der Präsident eines fiktiven afrikanischen Landes freiwillig zurück, nachdem er erkannt hat, dass er seine ursprünglich besten Absichten nicht durchsetzen kann. Er wollte sich für die Menschen seines Landes einsetzen und hat sich – überfordert von der Komplexität seiner Aufgaben – auf falsche Berater eingelassen. Sein Rücktritt wird für ihn persönlich zur Tragödie, aber vor allem für das Land und seine Bewohner, die nämlich einem Nachfolger ausgeliefert sind, der sich nicht um die Interessen seiner Bürger schert. Der Roman liefert einen winzigen Baustein für die Antwort auf die Frage, warum in afrikanischen Staaten so viele Dauerpräsidenten herrschen und kaum einer freiwillig von der Macht lässt. Überhaupt stellt Aminata Sow Fall sich in ihren Romanen den gesellschaftlichen und sozialen Fragen afrikanischer Staaten im Widerspruch zwischen traditionellem Leben und westlichen Einflüssen. Für mich, die Europäerin, ist es spannend, wenn auch manchmal unbequem, von diesen Widersprüchen aus der Sicht einer Afrikanerin zu lesen.

Weil ich auf die Sicht der Afrikaner neugierig bin, darauf, was sie mir erzählen und von ihrem Land zeigen, sage ich zu, als Nar am nächsten Morgen anruft und mir seine Begleitung für die nächsten Tage anbietet. Er kommt am Nachmittag an, und tatsächlich sehe ich Saint Louis durch ihn mit anderen Augen. Er führt mich in ein Kulturzentrum, das ich ohne ihn nie gefunden hätte und in dem eine französische Freundin von ihm gemeinsam mit einigen Einheimischen an einem Projekt arbeitet, geduldig und positiv, wie er immer wieder betont. Wenn Kinder mir *Toubab, Toubab* (»Weiße«) nachrufen, verblüfft Nar sie, indem er ihnen mit *Nuulai* (»Schwarze«) antwortet. Einmal deutet eine Frau mit energischem Kopfschütteln auf meine Kamera. Er beschwichtigt die Frau, doch fortan fotografiere ich nur noch vorsichtig. Auf einem Markt, auf dem ich die einzige *Toubab* bin, drücke ich ihm die Kamera in die Hand, mit der Bitte, ein paar Fotos zu machen. Was er – wie ich finde – ziemlich gut macht.

Ich selbst lasse mich treiben und überwältigen von den Gerüchen der Gewürze, Früchte und Fische, dem Stimmengewirr, in das sich Pferdegetrappel mischt, und von den leuchtenden Farben der Kleider, der Häuser und des Himmels.

Reis ist das Hauptnahrungsmittel im Senegal, es gibt ihn zu beinahe jedem Essen, heute *Yassa Poulet* – Reis mit Hühnchen. Ich werde das zu Hause einmal nachkochen, denn es ist ausgesprochen lecker. Wie übrigens alles, was ich in diesen Tagen serviert bekomme. Nar weiß, wo in Saint Louis am besten gekocht wird. Als wir noch zufällig einen seiner ehemaligen Mitbewohner aus Dakar treffen und wir einen heiteren Abend in einer Bar verbringen, ist mein Aufenthalt in Saint Louis perfekt.

Am nächsten Morgen verlassen wir Saint Louis noch in der Dunkelheit um sechs Uhr. Nar möchte mir unbedingt noch einen Ort an der *Petite Côte* zeigen, dahin kämen wir ganz schnell. Ich bin gespannt, was »ganz schnell« bedeutet. Den größten Teil der Strecke fahren wir mit einem recht modernen Auto, es funktioniert sogar die Tempoanzeige am Armaturenbrett, was hier eher selten vorkommt. Zunächst sind wir die beiden einzigen Fahrgäste, aber in jedem Dorf, durch das wir fahren, stehen am Straßenrand weitere Mitfahrer, die manchmal nur ins nächste Dorf wollen. Einmal sitzt neben mir ein junger Mann, der wie ein Ofen Hitze abstrahlt. Ich bin froh, vor meiner Abreise aus Deutschland alle Impfungen aufgefrischt zu haben, und verbiete mir den Gedanken an ansteckende Krankheiten, gegen die ich nicht geimpft bin. An einem *Medical Centre* lässt der junge Mann sich absetzen und ich erzähle Nar von meinen Bedenken. Das amüsiert ihn.

»Ihr Europäer habt viel Angst, oder?«

Gegen zwölf Uhr kommen wir in Somone an. Sechs Stunden, nicht schlecht für etwa 350 Kilometer mit drei Fahrzeugwechseln. Still und träge liegt der Ort in der Mittagshitze. Im Restaurant ist die einzige Frau außer mir die Kellnerin. Die Frauen sind hier immer beschäftigt: als Händlerin auf dem Markt, räumend und fegend in Geschäften, Wäsche in vielen großen Schüsseln waschend oder auf dem Bürgersteig sitzend und mit großen Mörsern etwas zerstampfend. Männer gehen häufiger dem Müßiggang nach. An der Bar sitzen zwei und trinken Bier, drei andere sitzen an einem Tisch und diskutieren, ein weiterer geht telefonierend vor dem Restaurant auf und ab. »Macho«, sagt Nar mit einer Geste auf ihn. Ich bin überrascht, denn ausgerechnet diesen Mann hätte ich nicht auf den ersten Blick so klassifiziert. Viel häufiger hat mich die Angewohnheit vieler senegalesischer Männer, ja selbst Schuljungen, sich beim Gehen immer wieder in den Schritt zu fassen, an Machos denken lassen. Ich nutze den Moment, Nar nach Polygamie zu befragen, die sei doch noch immer sehr verbreitet? Meine Kenntnisse in dieser Frage beschränken sich auf das nicht ganz ernst gemeinte Angebot, Zweitfrau auf dem Land zu werden, das ich 2013 bei meiner Reise durch den Senegal von einem Bauern bekommen habe. Und aus dem 1983 auch in Deutschland erschienenen Roman »Ein so langer Brief« von Mariama Bâ. Erzählt wird von zwei Frauen, die beide dasselbe Schicksal ereilt – ihnen wird nach langjähriger Ehe eine Zweitfrau ins Haus gebracht. Während die eine das akzeptiert und ihr Leben in der Situation einrichtet, verlässt die andere den Mann und das Land, um zukünftig im Ausland das Leben einer selbstständigen, unabhängigen Frau zu führen. Nar sagt, Polygamie ist heute noch verbreitet im Senegal, aber allmählich wird die Situation für die Frauen besser. Es gibt inzwischen ein Gesetz, nachdem sich das Paar vor der Eheschließung für oder gegen Polygamie entscheidet. Wenn sie sich einmal – notariell beglaubigt – dagegen entscheiden, ist der Mann an diese Entscheidung sein Leben lang gebunden. Eine seiner Schwestern hat dies zur Bedingung für ihre Eheschließung gemacht.

Die leider schon 1981 mit 52 Jahren verstorbene Mariama Bâ gilt als Pionierin. Sie hat eine weibliche Stimme in die bis dahin männerdominierte afrikanische Literatur gebracht und hat sich den Themen Familie und Beziehungen gewidmet, die gemeinhin als Frauenthemen bezeichnet werden, genau genommen aber gesellschaftlich relevante Themen sind. Auch ihr zweiter Roman beschäftigt sich mit einem Beziehungsthema, »Der scharlachrote Gesang« erzählt von der Ehe zwischen einem senegalesischen Mann und einer französischen Frau. Die Diplomatentochter Mireille entzweit sich für die Ehe mit Ousman von ihrer Familie, doch in ihrer Schwiegerfamilie wird sie nicht heimisch. Im Laufe ihrer Ehe fühlt ihr Mann sich zunehmend überfordert damit, die Konflikte aus dem Zusammentreffen der unterschiedlichen Kulturen auszutragen und nimmt sich – ganz in seiner Kultur verhaftet bleibend – eine zweite Ehefrau. Das kann nur ein tragisches Ende nach sich ziehen. Auch dieser Roman ist bereits aus den achtziger Jahren. Vielleicht ist die senegalesische Gesellschaft inzwischen moderner und offener geworden. Jedenfalls sind mir einige schwarz-weiße Paare aufgefallen, aber wer kann schon hinter die Fassade schauen?

Nachmittags spazieren wir ans Meer. Vor Läden auf der Hauptstraße hängen Kleider oder stehen Stapel mit Eimern und Schüsseln. Irgendwo gibt es auch Gemälde, Masken oder Schmuck – das Angebot richtet sich offensichtlich sowohl an Einheimische als auch an Touristen. Allerdings sind auch am Nachmittag weder die einen noch die anderen unterwegs, nur ein paar Kinder schauen mich an, als hätten sie von ihren Eltern eingetrichtert bekommen: Sprich nie mit Weißen. Als wir von der Hauptstraße abbiegen, wird es vollkommen still. Nicht einmal Hunde bellen, sondern haben sich zur Siesta an schattige Orte begeben. Ich sauge die Blütenpracht der Bougainvilleas auf und später den Geruch des Meeres. In zwei Tagen werde ich schon auf dem Weg zurück nach Deutschland sein und es ist Zeit, mir bewusst ein Reservoir der schönen Eindrücke anzulegen, auf das ich im grauen Berliner Winter zurückgreifen kann.

Am Strand flanieren Händlerinnen an uns vorbei und bieten aus ihren auf den Köpfen getragenen Körben Schmuckstücke an. Ich habe mich bislang auf dieser Reise an meinen Entschluss gehalten, keine neuen Dinge mitzubringen, hatte ich doch die letzten Wochen zu Hause mit etwas zu kämpfen, was in Afrika kein Thema ist: zu viel von allem zu haben. Aber diese Händlerin in ihrem gelb-rot-schwarzen Kleid, die ihren Sohn auf dem Rücken bei sich trägt, ist mir die ganze Zeit schon aufgefallen und ich winke nicht ab, als sie an unserem Tisch stehenbleibt. Für einen Armreif einigen wir uns auf 6.000 CFA. Weil ich nur einen 10.000er Schein bei mir habe, wechselt Nar ihn bei der Kellnerin ein. Als er zurückkommt, entspinnt sich zwischen ihm und der Händlerin eine Diskussion auf Wolof, die damit endet, dass Nar den Armreif zurück in den Korb legt, weil die Händlerin inzwischen den Preis erhöht hat. Das ist ein Problem, sagt er, sie glauben, wenn sie einmal einen Weißen an der Angel haben, müssten sie immer noch mehr herausschlagen. Der Vorfall lässt mich ratlos zurück. Ich hätte auch 1.000 oder 2.000 CFA mehr bezahlt, aber damit die irritierende Angewohnheit des Nachverhandelns unterstützt. Hat Nar also richtig für mich entschieden? Ich schüttle die Ratlosigkeit nur langsam ab.

Am Abend wird der kleine Ort lebendig, Dutzende Leute sind unterwegs in den bis spät in die Nacht geöffneten Läden, in den Restaurants. Ein Auto fährt mit laut dröhnender Musik auf der Hauptstraße des Orts auf und ab, um die abendlichen Spaziergänger in eine Diskothek zu locken. In einer *Dibiterie*, einem Imbiss mit dem Charme einer Bahnhofshalle, dessen Anziehungskraft vom Duft des Grills vor dem Haus ausgeht, bestellen wir zwei Portionen Lammfleisch, die frisch zubereitet werden. Die Wartezeit nutzen wir, um uns Brot und eine Flasche Rotwein zu besorgen. Das einfache, aber köstliche Mahl genießen wir auf der Terrasse unseres Quartiers.

Zurück in Dakar brechen die letzten Stunden meiner Reise an. Im Haus am *Monument* gibt es weder Wasser noch Strom noch Internet. Also kann ich nicht online einchecken. Ganz afrikanisch gelassen schalte ich das Smartphone aus und lehne mich im Sessel zurück. Dann checke ich eben morgen früh am Flughafen ein. Ansonsten brauche ich schon seit Tagen kein Internet mehr – was immer in der Welt geschieht, geschieht auch, ohne dass ich dabei zusehe.

Ich verbringe den Nachmittag auf dem Sofa, blättere noch einmal in »Ladivine« von Marie NDiaye. Die Französin mit einem senegalesischen Vater lebt heute in Berlin. Sie hat für ihr Werk, das sowohl Romane als auch Theaterstücke umfasst, bereits in jungen Jahren Preise erhalten. Ich kenne »Drei starke Frauen« von ihr, Erzählungen, die sowohl im Senegal als auch in Frankreich spielen. Es steht zwar Roman auf dem Einband, aber ich habe drei abgeschlossene Erzählungen gelesen. Zwar gibt es einige Überschneidungen beim Personal, aber den Bogen, der die drei Geschichten zusammenhält, habe ich nicht gefunden. Ich habe den Eindruck, da wurde »Roman« um der besseren Verkäuflichkeit willen etikettiert. Nachdem ich mich von dem Gedanken verabschiedet hatte, einen Roman zu lesen, mochte ich die Geschichten: Von Norah, die in Frankreich aufgewachsen ist und glaubt, ihrem Vater mit einem Besuch in Dakar nur einen einfachen Gefallen zu tun, nicht ahnend, dass familiäre Verstrickungen sie länger festhalten werden. Von Fanta, die den umgekehrten Weg gegangen ist – für ihren französischen Ehemann hat sie Dakar verlassen. Sie hat es scheinbar vom Leben mit begrenzten Möglichkeiten in den Reichtum Europas geschafft. Es fühlt sich für sie bloß nicht so an. Von Khady, die selbst nicht unbedingt nach Europa wollte, sondern von der Familie ihres verstorbenen Mannes auf die Reise dorthin geschickt und nie ankommen wird.

Alle drei Geschichten haben mich berührt – was »Ladivine« überhaupt nicht gelingt. Auch da scheinen es unterschiedliche Geschichten zu sein, die in einem Reigen erzählt werden: Mutter, Vater, Tochter und deren Tochter. Doch für mich verliert sich zwischendurch die eigentliche Geschichte. Wobei das ganz allein an mir liegen kann, von Kritikern wurde das Buch sehr gefeiert.

Vielleicht kann ich gerade einfach nur nichts mehr aufnehmen und sollte es später zu Hause noch einmal mit »Ladivine« versuchen. Heute aber dämmere ich bei der Lektüre ein.

Als es irgendwann wieder Wasser gibt, bereitet Nar mir eine afrikanische Dusche, er kocht einen Kessel heißes Wasser und schüttet es in eine große Schüssel. Unter der Dusche fülle ich so lange kaltes Wasser hinzu, bis das Wasser erträglich warm ist und dann schöpfe ich es immer wieder mit einem kleinen Gefäß aus der Schüssel und übergieße mich damit. Duschen mit nur 10 Litern Wasser. Danach fühle ich mich erfrischt für einen letzten Besuch auf dem Markt. Ich will etwas Baobabfrucht mitnehmen. Ich mag den Baobab, der mehr als jeder andere Baum die Landschaft des Senegal prägt und um den sich zahlreiche Legenden ranken. Seine vom Baum herabhängenden Früchte erinnern an Mäuse, die an den Schwänzen aufgehängt wurden. Im Innern befindet sich weißes, trockenes Fruchtfleisch, das – mit Wasser übergossen – nach einigen Stunden einen leicht säuerlichen, erfrischenden Saft gibt. Nar kauft eine Tüte Bissap, Hibiskusblüten, dazu, woraus er ebenfalls ein belebendes Sommergetränk zubereitet. Ich werde daraus zu Hause wohl eher Tee kochen.

Die Nacht erwarten wir wie in der Woche zuvor auf dem Dach. Es kommen Verwandte und Freunde, man isst, trinkt und redet miteinander, während die Sonne allmählich untergeht. Heute ist es ringsum besonders dunkel, denn der Strom ist immer noch abgestellt. Ich verstehe jetzt, warum der Kühlschrank in Nars Wohnung zwar groß, aber leer ist. Khady läuft mit Mohammed auf dem Rücken auf und ab, um ihn in den Schlaf zu wiegen. Sie sagt, Stromabschaltungen gibt es häufiger, das sei eben einfach so. Aber man merkt sofort, wenn der Strom wieder angeht, weil es dann ringsum in allen Häusern hell wird. Sie fragt mich auch, ob ich wiederkommen werde und strahlt, als ich nicke. »Ich denke schon.«

Irgendwer hat ein paar Kerzen aufgestellt, jemand hat eine Gitarre mitgebracht und alle gemeinsam singen Lieder – auf Französisch, auf Wolof und eines auch auf Englisch. Ich fühle mich an Lagerfeuerzeiten erinnert, aber schöner, weil es so normal scheint. Ein ganz normaler Freitagabend, den man mit Freunden und Verwandten verbringt, zu denen ich jetzt auch irgendwie gehöre. Das treibt mir Freudentränen in die Augen, zum Glück sieht das in der Dunkelheit niemand.

Irgendwann kommt der Strom wieder und ich denke, ich sollte die Gelegenheit nutzen, um meinen Rucksack zu packen. Aber es ist so schön hier auf dem Dach und ich kann nicht wissen, dass der Strom schon eine halbe Stunde später wieder abgeschaltet wird. Am Ende packe ich beim Schein der Stirnlampe, ehe ich mein Nachtlager auf dem Dach bereite und unter freiem Himmel schlafe. Morgens um fünf weckt mich der Wecker im Duett mit dem meditativen Gesang, der von der nahegelegenen Moschee herübertönt. Umhüllt vom fremden und schmeichelnden Gesang finde ich langsam in den Tag meines Abschieds von Afrika, erfüllt vom Frieden des Morgens und dankbar für das Geschenk, das mir mit dieser Reise zugekommen ist. Danke, *merci, jerejef.*

Ich bin nicht Claire

Februar 2019

»Was soll das heißen?«, frage ich den Schiffssteward namens Ibrahim mit der Stimme, die ich für sehr ernste Angelegenheiten reserviere. »Wie kann mein Pass buchstäblich über Nacht verschwinden? Er war doch ganz sicher eingeschlossen, haben Sie mir versichert.«

Eingeschlossen in dem Kabuff, aus dem gestern Abend Decken im Tausch gegen ein *pièce d'identite* verteilt wurden. Decken für den Schlaf auf der nächtlichen Überfahrt von Ziguinchor nach Dakar. Ich war so müde gewesen, dass ich Ibrahim auf Anhieb geglaubt hatte, mein Pass sei sicher. Ein anderes *pièce d'identité* hatte ich nicht dabei. Ich schlief den leichten Schlaf der Reisenden, in dem einige meiner Sensoren dem Tiefschlaf trotzten und auf die fremde Umgebung gerichtet blieben. Gegen vier Uhr morgens wurde ich in Sichtweite des Hafens von Dakar von meinem Reisebegleiter Nar geweckt. Als ich meinen Disput mit Ibrahim begann, hat Nar sich ans andere Ende des Raums verzogen und tut jetzt so, als kenne er mich nur flüchtig. Die Blicke, die er mir von hinten zuwirft, sagen: »Mach keinen Skandal, das bringt nichts.«

Als ob mein Pass einfach so wieder auftauchen würde, wenn ich lieb und nett bin. Wenn ich etwas gelernt habe, dann das: Lieb und nett bringt nicht viel. Jedenfalls in meiner Welt. Gereizt von zu wenig Schlaf, Nars Attitude und meinem Passproblem fauche ich den Steward an: »Ich verlasse das Schiff nicht ohne meinen Pass.«

Ibrahim wedelt mit dem einzigen an Bord verblieben lilafarbenen EU-Pass vor meinem Gesicht. Auf der Vorderseite steht *Republique Francaise* und ich sage, ich sei Deutsche, keine Französin. Mein Akzent ist eindeutig, aber das kümmert Ibrahim nicht. Er schaut noch einmal auf das Foto im Pass und dann zu mir. Als würde ich mich, wenn er es nur lange genug wünscht, in Claire verwandeln. Claire, die ich gestern Abend auf Deck mit ihrem senegalesischen Reisebegleiter beobachtete. Mindestens zwölf Kilo schwerer und zehn Jahre älter als ich. Sie hat das Schiff inklusive Begleiter längst verlassen. Möglicherweise mit meinem Pass in der Tasche. Ich zeige auf das Foto, dann auf mich und erkläre das Offensichtliche: »Das bin nicht ich.«

Ibrahim starrt weiter verzweifelt auf das Foto. Fast bedaure ich ihn, aber zuerst brauche ich meinen Pass zurück. Endlich taucht Ibrahims Kollege Said auf, der anderswo auf dem Schiff nach meinem Pass suchen wollte. Offenbar erfolglos, denn er hebt die Schultern und sagt etwas zu seinem Kollegen. Hoffend lausche ich dem Gespräch, das entfernt französisch klingt, aber auf Wolof geführt wird, wie mir klar wird. Hilfesuchend schaue ich zu Nar, der endlich aufsteht und durch die leeren Stuhlreihen zu uns schlendert. Er hasst es, wenn meine Stimme so klingt wie jetzt und ich fühle mich schuldig für die Zumutung, die ich für ihn bin. Flüchtig glaube ich einen Blick zwischen ihm und Ibrahim aufzufangen, der sagt: »So sind sie, die Weißen.«

Als ob es mein Fehler ist, dass mein Pass nicht da ist.

Dann hört Nar zu, lächelt, nickt. Ibrahims Kollege Said telefoniert, nickt ebenfalls und scheint erleichtert. Die beiden Männer tauschen Telefonnummern aus, begleitet von einem offensichtlich recht einvernehmlichen Gespräch auf Wolof. Bislang haben mich die Gespräche in der fremden Sprache wenig gestört, ich habe mich dabei von dem mir verständlichen Geplapper erholt, dem ich zu Hause ständig ausgesetzt bin. Jetzt macht es mich nervös, nichts zu verstehen. Vor allem, als Ibrahim mir Claires Pass in die Hand drückt. Bevor ich noch einmal mit meiner Leier – »Ich bin Deutsche und nicht Claire« – beginnen kann, erklärt Nar mir auf Französisch: »Wir treffen Claire und ihren Begleiter später und tauschen die Pässe.«

Sein Ton duldet keinen Widerspruch und als ich trotzdem den Mund zum Protest öffne, reißt er mir Claires Pass aus der Hand und stürmt zum Ausgang. Ibrahim lässt sich erschöpft auf einen Stuhl fallen, meinen Blick meidend. *Aber es war doch nicht meine Schuld*, denke ich noch einmal und folge Nar, denn ein französischer Pass ist für den Moment besser als gar keiner.

Statt also nach Ouakam zu meinem Quartier zu fahren, machen wir einen Abstecher nach Ngor, wo Nar mich bittet, im Taxi auf ihn zu warten, und mit Claires Pass verschwindet. Ich habe etwa fünfzehn Minuten, mir zu überlegen, welchen Schindluder jemand mit meinem Pass treiben könnte. Und vor allem, wie ich übermorgen in das Flugzeug nach Deutschland einsteigen kann, so ohne Pass. Inzwischen ist Nar schon ziemlich lange weg. Ich habe keine Ahnung, wie das alles gehen soll, steige aus dem Taxi und gehe ein paar Schritte auf und ab.

Dann kommt Nar mit der Lösung für alle Fragen: meinem Pass. Und lässt es sich nicht nehmen, ihn mir mit den Worten zu überreichen: »Du solltest mehr Vertrauen haben.«

Und ich bin gleichzeitig zu erschöpft und erleichtert, um etwas zu erwidern. Es war doch nicht meine Schuld.

Und wieder Schreiben im Senegal

Februar/März 2020

Es ist erst wenige Wochen her, dass meine Mitbewohnerin, eine australische Autorin, mir Grüße von ihrer Schreibresidenz im australischen Varuna schickte, wo sie für zwei Wochen ein Schreibstipendium bekommen hatte. Sie schwärmte davon, wie wunderbar die Arbeit an ihrem Roman voranging, weil jemand für sie kochte und sie den ganzen Tag nur schrieb. Garniert war ihre E-Mail mit Fotos ihres Schreibtischs, der vor einem Fenster stand, durch das blauer Himmel und grüne, blühende Pflanzen zu sehen waren. Und ich starrte in den januargrauen Berliner Himmel und die kahlen Bäume davor und sagte mir nicht zum ersten Mal, dass ich im falschen Land geboren bin. Wie um alles in der Welt sollte ich hier über einen afrikanischen Nachthimmel schreiben? Also buchte ich einen Flug nach Dakar. Nur den Hinflug.

Zugegebenermaßen ist das nicht ganz das richtige Land, denn ich schreibe über Äthiopien in Ostafrika, während Dakar die westlichste Spitze des Kontinents bildet. Aber der Senegal ist einfacher zu bereisen als Äthiopien. Ich kenne das Land besser (es ist auch viel übersichtlicher), habe Freunde in Dakar und der Himmel unterscheidet sich vermutlich nicht zu sehr von dem über Äthiopien. Es ist warm in Dakar, die Sonne scheint, die Frauen tragen Kleider in allen Farben, die Boubous der Männer stehen ihnen in der Farbenpracht in nichts nach, die Menschen sind gut gelaunt und ein großer Teil des Lebens spielt sich auf der Straße ab. Meine Stimmung bessert sich sofort, auch wenn ich gegen halb fünf morgens vom Ruf des Muezzins geweckt werde (nur in der ersten Nacht, ab der zweiten höre ich ihn nicht mehr), der Geldautomat nicht funktioniert, ich die Sonne schon am nächsten Tag gegen 14 Uhr gern einfach mal für eine Weile abschalten würde; auch wenn ich gleich wieder einen Heiratsantrag abwehren muss (selber schuld, schließlich weiß ich, dass ich auf die Frage nach meinem Familienstand nicht wahrheitsgemäß mit »Unverheiratet« antworten darf, aber im ersten Moment bin ich wieder überrascht davon, dass diese Frage hier immer zuerst gestellt wird, sowohl von Männern als auch von Frauen); auch wenn senegalesische Autofahrer ihre Hupen zu sehr lieben, ich vor jeder Taxifahrt erst einmal über den Preis verhandeln und auch sonst einiges organisieren muss, wie eine Telefonkarte und Geld. Und Internet, damit ich meiner Mutter, meiner besten Freundin und meiner Mitbewohnerin, die inzwischen wieder in Berlin angekommen ist – wir müssen uns irgendwo in der Luft knapp verfehlt haben – mitteilen kann, dass ich heil angekommen bin. An einem Tag gibt es kein Wasser und ich dusche auf die afrikanische Art, mit einem Eimer Wasser. Aber vormittags bin ich eisern, ich schließe die Fensterläden, um den Lärm und die Hitze aus meinem Zimmer auszusperren und arbeite. Keine Ausreden mehr. Deshalb bin ich hergekommen, auf dieses Ziel hin habe ich in den letzten Wochen alles organisiert und dafür gesorgt, dass für ein paar Wochen niemand etwas von mir will. Und doch setze ich vor allem auf die nächste Station meiner Reise, ein kleines Camp irgendwo auf einer Insel. Vor einigen Jahren war ich mal dort ganz in der Nähe in einem Hotel, wo man vom Restaurant aus auf einen breiten Fluss sah, dessen Ufer grün von Mangroven war und ich weiß noch, dass ich damals dachte, so habe ich mir Afrika immer vorgestellt. Mit 165 € pro Nacht übersteigt das Hotel mein derzeitiges Budget, also habe ich mir das nahe gelegene Camp ausgesucht – die Fotos im Internet sehen aus, als gäbe es diesen Blick dort auch. Und die knapp 20 € pro Nacht kann ich mir leisten. Auf meine Anfrage sichert man mir einen Tisch im Zimmer zu, den werde ich brauchen. Also lasse ich ein paar meiner Sachen bei meinen Freunden in Dakar, packe nur ein, was ich in einer Woche Schreibcamp benötige, und mache mich nach dem Frühstück auf den Weg.

Wer sich einbildet, in der Mitte von Nirgendwo am besten schreiben zu können, muss einiges auf sich nehmen, um dort hinzukommen. Ich muss zunächst nach Toubakouta, das circa 250 Kilometer von Dakar entfernt liegt und als zumindest nicht ganz kleiner Ort auf der Karte zu finden ist. Auf dem Weg zum *Gare Routiere* in Dakar ist natürlich Stau, dort angekommen heißt es warten, bis sich genügend Mitfahrer finden. Bei einem Bus mit Plätzen für dreizehn Mitfahrer dauert das halt eine Weile. Knapp eineinhalb Stunden in meinem Fall. Schon ist Mittag. Immerhin habe ich mir durch frühzeitiges Erscheinen und einen kleinen Extrabetrag den Platz auf dem Beifahrersitz gesichert. Als wir vollzählig sind, bezahlen wir alle noch eine Kleinigkeit von umgerechnet 50 Cent, damit der Fahrer die mautpflichtige Straße mit weniger Stau nimmt. Trotzdem dauert die Fahrt bis Toubakouta etwa fünf Stunden, und ich werde leicht nervös. Denn ich muss von dort aus noch weiter nach Misirah, weil dort die Piroge abfährt und ich gelesen habe, dass das Einchecken im Camp bis 19 Uhr erledigt sein soll. Das könnte allmählich knapp werden. Endlich entlässt der Fahrer mich und meinen Rucksack mit einem Blick, der sagt: Du hast es so gewollt.

Toubakouta. Ein paar Hütten am staubigen Straßenrand, ein paar Händlerinnen, die Erdnüsse und Mandarinen verkaufen, während Kinder zu ihren Füßen spielen. Und ein paar Jugendliche mit Motorrollern, die ein Geschäft wittern. Ich hätte lieber ein Taxi, aber es sieht nicht so aus, als gäbe es hier eines. Mit dem Roller sei das kein Problem, versichert mir der Junge, der höchstens fünfzehn sein kann und dessen Nicken auf meine Frage nach Misirah mich nicht ganz überzeugt. Aber ich habe keine Wahl, inzwischen ist es 17:30 Uhr, und ich habe keine Ahnung, wo dieses Misirah liegt. Auch keine Ahnung, wie lange es von hier aus noch dauert, dorthin zu kommen. Eine Stunde und ein bisschen, sagt der Junge. Jetzt werde ich leicht panisch, schließlich kenne ich das notorisch ungenaue Zeitgefühl der Afrikaner. Ich sehe meine Piroge abfahren und mich in den Mangroven nächtigen, mit meinem Rucksack als Kopfkissen.

Zum Glück gibt es hier keine Löwen oder Hippos mehr, die haben nämlich die Franzosen abgeschlachtet, als sie es noch konnten. (Übrigens lassen sich die Franzosen bis heute Reparationen von den Senegalesen zahlen für die Wohltaten, die sie in das Land gebracht haben, habe ich gelesen. Ich kann das nicht verifizieren, aber sagen wir mal so: Überraschen würde es mich nicht.)

»Und was ist mit meinem Rucksack?«, frage ich den Jungen, der sich den kurzerhand auf den Tank stellt und gerade noch darüber schauen kann. Also nehme ich hinter ihm Platz, und los geht es auf dem nächsten Sandweg, der uns noch ein Stück durch Häuser und Höfe führt, wo die Kinder mir *Toubab, Toubab!* (»Weiße, Weiße!«) hinterherrufen und winken. Doch bald sind da nur noch Felder, eine sich abschwächende Sonne, der Motorroller und wir. Schon mitten im Nirgendwo, ohne Autos und Lärm, umgeben von Wasser und Natur. Und ich weiß, warum ich diesen verdammt langen Weg auf mich genommen habe. Glücklicherweise ist das Zeitgefühl der Afrikaner manchmal in die andere Richtung ungenau, und wir kommen gegen 18 Uhr am Pont in Misirah an. Misirah. Ein Fischerdorf mit etwa fünftausend Einwohnern, von denen sich ungefähr fünfzig jetzt, kurz vor Einbruch der Dämmerung, auf dem Platz am Pont versammelt haben. Die geschäftigen und geschwätzigen Frauen mit Kindern und ihrem Angebot an Nüssen, Bananen und Getränken im Schatten unter dem Baum in der Mitte des Platzes. Die Männer hingegen sitzen schweigend am Rand des Platzes, beobachten mich mäßig neugierig, während ich versuche, Christines Telefonnummer zu finden. Ich soll sie anrufen, damit sie mir die Piroge schickt. Einer der Männer öffnet dann doch den Mund, um mir Mbaye zu zeigen, der offenbar den Auftrag hat, Christines Kunden einzusammeln, die als Weiße hier schnell zu identifizieren sind. Mbaye, ein Mittfünfziger mit einer Sonnenbrille auf der Nase, winkt mir auch sofort zu. Meine Piroge sei schon da, aber wir müssten noch auf zwei weitere Gäste warten. Wir nehmen auf einer Bank im Schatten Platz, ich laufe noch schnell in eines der Geschäfte, in dem der Verkäufer sich mit seinen Waren hinter einem Gitter eingesperrt hat. Ich brauche eine Flasche Wasser, meine aus Dakar mitgebrachte habe ich in großen Schlucken geleert. Tagsüber hatte ich mir nur kleine Schlucke genehmigt – die Busreisen sehen nämlich keine Toilettenpause vor. Jetzt, da das Camp nur noch eine Pirogenfahrt entfernt liegt, kann ich trinken. Mbaye verwickelt mich in ein Gespräch. Und was ist seine erste Frage? Richtig, die nach meinem Ehemann. Der sei zu Hause, schwindle ich ungerührt, denn ich sei Schriftstellerin und müsse in Ruhe schreiben. Deshalb weiß ich auch noch nicht, ob ich auf Mbayes Angebot eingehe, mit mir auf einen Markt in der Nähe zu fahren. Wir tauschen Telefonnummern, damit ich ihm Bescheid geben kann, wenn ich mich entschieden habe. Inzwischen gesellt sich ein weiterer, jüngerer Mann zu uns, und als er hört, dass ich Schriftstellerin bin, erzählt er mir von Fatou Diome, die in der Nähe geboren ist und die er einmal für einen Vortrag hierher einladen will. Ich habe auch etwas von ihr gelesen, und er errät sofort, welches Buch das war: »Der Bauch des Ozeans«. Er schwärmt von ihr, weil sie sich – jetzt von Frankreich aus – dafür einsetzt, dass die Afrikaner so reisen dürfen, wie wir Europäer es tun. »Wie es jetzt ist, ist es doch nicht gerecht«, sagt er. Ich stimme ihm mit Unbehagen zu, weil ich so eindeutig und ohne eigenes Verdienst privilegiert bin. Weil die anderen Kunden noch auf sich warten lassen, führt Mbaye mich zu dem heiligen Baum des Ortes, einem tausendjährigen Baobab. Ich will meine Tasche mitnehmen, in der sich

Kamera und Pass befinden, aber das wird beinahe als Beleidigung empfunden – schließlich würde der junge Mann auf meine Sachen aufpassen. So kommt es, dass ich von dem wirklich beeindruckenden Baum leider kein Foto habe. Ich habe zwar viele Fotos von Baobabs, aber keines von jenem in Misirah.

Endlich startet meine Piroge, ohne die beiden Kunden, die erst drei Stunden später auf der Insel eintreffen werden. Ich lerne, dass das Gewässer, über das wir fahren, kein Fluss ist, sondern das Saloum-Delta des Atlantischen Ozeans. Weil gerade Ebbe ist, müssen wir einen Umweg fahren, was mir recht ist, denn so sehe ich mehr Landschaft. Und Spuren von Fischen, die in kleinen Bögen aus dem Wasser hüpfen, aber so klein und schnell sind, dass ich nur die Kreise sehe, die sie beim Aus- und Eintritt auf dem Wasser hinterlassen. Der Sonnenuntergang ist eher unspektakulär, denn der Himmel ist etwas vernebelt vom Saharasand, der in diesen Monaten oft hierhergetragen wird. So verschwindet die Sonne irgendwann blass im Sandstaub. Und für einen Moment fällt der Motor der Piroge aus und die Stille gibt mir einen Vorgeschmack auf die nächsten Tage.

Als ich auf der Insel ankomme, wird mir mit einem Schlag klar, dass ich seit dem Frühstück in Dakar nichts mehr gegessen habe. Christine verspricht mir ein Abendessen, während sie mich zu meiner Hütte begleitet. Wunschgemäß steht dort ein Tisch. Bestens, sage ich und füge hinzu, dass ich Schriftstellerin bin und arbeiten muss. Das französische *ecrivain* geht mir interessanterweise leichter über die Lippen als das deutsche Wort Schriftstellerin. Christine freut sich, weil alles zu meiner Zufriedenheit ist und sagt, ich könne mir auch draußen einen Platz suchen, wenn es mir gefällt. Ich verschiebe die Entscheidung, jetzt will ich nur essen und mich von einem Tag auf afrikanischen Pisten erholen.

Das Abendessen ist *delicieux*. Das wird es die ganze Woche sein, ob Rindfleisch, Huhn, Seeteufel, Fingerfisch oder Austern, alles ist stets perfekt zubereitet. Es gibt auch Salat. Wegen der Keimbelastung des hiesigen Wassers wird Europäern ja davon abgeraten, hier Salat zu essen. Heute bin ich mir aber sicher, dass der Salat für Europäer verträglich zubereitet ist. Dazu gibt es Gemüse und Kartoffeln. Letzteres weiß ich deshalb sehr zu schätzen, weil im Senegal Reis das Hauptnahrungsmittel ist und ich zwar nichts gegen Reis habe, ihn aber auch nicht zu meinen bevorzugten alltäglichen Lebensmitteln zähle. Und – ganz traditionell französisch – es gibt immer zum Abschluss ein Dessert. Bei einer Crème brulée denke ich an Lucie, die mir schrieb, wie gut sie in ihrer australischen Schreibresidenz mit ihrer Arbeit vorankam, unter anderem, weil sie jeden Tag bekocht wurde. Das werde ich hier auch haben. Nun muss ich nur noch in meiner Arbeit ebenso große Fortschritte machen wie sie.

Außer mir sind im Camp nur noch zwei französische Familien mit drei Kindern, die tagsüber unterwegs auf einem Ausflug sind, weshalb ich mir – so wie Christine es vorgeschlagen hat – einen Tisch im offenen *Salle à manger* als Arbeitsplatz auswähle.

Dort sitze ich die nächsten vier Tage und arbeite. Wenn Bap, der Kellner, nachmittags seine Siesta hält, gibt er mir Bescheid, wo ich ihn finde, falls ich etwas brauche. Doch ich brauche nichts, außer der Stille, die so vollkommen ist, dass die Vögel zahlreich um mich herumflattern, als sei ich gar nicht da.

Internet gibt es hier nur so viel, dass ich ein paar Nachrichten versenden und empfangen kann, aber Fragen, die ich sonst gern mal an Google stelle, wenn ich nicht weiterschreiben mag, müssen warten. Von nichts abgelenkt, wandere ich auf dem Papier ans andere Ende des Kontinents, nach Äthiopien, wo mein Romanheld vor gut vierzig Jahren vor großen Herausforderungen stand.

Es ist heiß in diesen Tagen, an manchen wohl über 40 Grad, selbst der Wind fegt wie ein Fön über uns hinweg. Manchmal, wenn die Franzosen und ich aneinander vorbeischleichen, weil bei dieser Hitze jede kraftvolle Bewegung zu anstrengend ist, hauchen wir uns ein *Il fait chaud* oder *Il fait vraiment chaud* zu. Der Pool hilft. Ich erfrische mich, arbeite weiter und befehle meinem Rücken zu schweigen. Der findet nämlich, dass mein hiesiger Arbeitsplatz ergonomisch gesehen eine Katastrophe ist. Kann sein, aber für Gymnastik ist es definitiv zu heiß. Mein Rücken wird also noch eine Weile aushalten müssen.

Am vierten Tag reisen die Franzosen ab und niemand reist neu an. Christine gibt ihrem Team einen Abend frei, wir bleiben ganz allein im Camp und essen gemeinsam.

Christine ist Ende fünfzig, hat französisch-guineische Wurzeln und betrieb einst ein Restaurant an der Cote d'Azur. Mit fünfzig beschloss sie, nach Afrika zu gehen. Sie kaufte dieses Fleckchen Erde, entwilderte es, baute die Hütten, installierte Solarpanels, weil es hier sonst außer dieselbetriebenen Generatoren keine Möglichkeit zur Stromgewinnung gibt. Sie suchte das Gespräch, als sie bestohlen und bedroht wurde, denn die männlichen Mitglieder der muslimischen Gemeinde Misirah sahen es nicht gern, dass eine Frau allein ein Camp betreiben will. Vor fünf Jahren eröffnete sie, und kann seither in sieben Hütten maximal dreißig Gäste aufnehmen. Deshalb ist die Betreuung hier angenehm persönlich, und das siebenköpfige Team ist aufmerksam und zuvorkommend. Dass Christine alle Teammitglieder in Misirah gefunden hat, hat ihr geholfen, von der Gemeinde akzeptiert zu werden. Nun will sie bis zu ihrem Ende auf der Insel bleiben. Frankreich ist ihr fremd geworden und selbst ihre Einkaufstouren nach Dakar oder Kaolack (nicht zu verwechseln mit Khao Lak in Thailand, das sehr schön sein soll, während Kaolack als schmutzigste Stadt des Senegal bekannt ist) sind ihr ein Gräuel. Ich verstehe sie. Wer braucht das alles, wenn man ein solches Stück Erde voller Frieden und Ruhe haben kann?

Und weil wir gerade so nett beieinandersitzen, frage ich sie, ob ich hier auch draußen schlafen kann. Ich kann und wähle mir dafür eine große Hängematte unter einem Cajou-Apfelbaum. Christine hängt mir sogar noch ein Moskitonetz über das Lager. Beim Einschlafen habe ich über mir in voller Schönheit den afrikanischen Nachthimmel mit seinen tausenden Sternen.

Als am fünften Tag eine Reisegruppe von zwölf Leuten ins Camp »einfällt«, muss ich leider meinen Arbeitsplatz im *Salle à manger* räumen. Nun kommt der Tisch in meiner Hütte doch noch zum Einsatz, ich stelle ihn vor die Hütte und verrücke ihn nach Stand der Sonne, damit weder mein Computer noch ich selber dahinschmelzen. Ich mag auch diesen Platz mit seiner Aussicht und bin der sehr präsenten Reisegruppe dankbar dafür, dass sie mir dazu verholfen hat.

Kurz vor Sonnenuntergang wandere ich einmal um die Insel – mein Rücken verlangt nach Bewegung. Ich verlaufe mich, weil ich an einer Kreuzung den falschen Abzweig nehme und murmele vor mich hin: »Es ist eine kleine Insel und es wäre zu peinlich.« Weitergehen hilft, wie auch beim

Schreiben oft einfach Weitermachen hilft, um auf den richtigen Pfad zurückzukehren. Rechtzeitig zum Abendessen finde ich zurück ins Camp. Zu meinem letzten Abendessen auf der Insel, denn morgen werde ich in Dakar erwartet.

Die Rückreise geht etwas schneller als die Hinfahrt, Christine, die ohnehin nach Kaolack muss, setzt mich dort am *Gare Routiere* ab, und 15 Minuten später sind wir schon auf der Straße nach Dakar. Dort vermisse ich die Insel schon nach wenigen Minuten, als das Taxi in einen Stau gerät. Eine Straße ist gesperrt, weil der Präsident gerade vorbeifährt. Neben uns wuseln viel zu viele Menschen, vor uns und hinter uns hupen zu viele Autos.

Irgendwann schaffen wir es nach Ouakam, in das Viertel, in dem meine Freunde wohnen. Dort muss ich mich erst einmal eingewöhnen. Seit meinem letzten Besuch hat sich einiges verändert. Diesmal teile ich mir die Wohnung mit einem senegalesischen Ehepaar, einer Kongolesin und einer Deutsch-Marokkanerin. Manchmal reden, trinken oder essen wir zusammen, aber insgesamt bin ich wenig *sociable.* Ich will schreiben. Ich brauche hier mehr Energie als auf der Insel, um mich zu konzentrieren, aber Dakar hat auch Vorteile. Es ist hier nicht so heiß wie auf der Insel, und ich habe gutes Internet, über das ich mich mit meiner Mentorin über das austauschen kann, was ich auf der Insel geschrieben habe – es sei nicht schlecht, attestiert sie mir. Nein, sie sagt sogar: recht gut. Motiviert davon schließe ich vormittags meine Zimmertür und schreibe. Erst nachmittags oder am frühen Abend gestatte ich mir ein paar Ausflüge: in eine Strandbar, die ca. fünfzehn Gehminuten von meinem Quartier entfernt liegt, oder zum Supermarkt.

Oder ich mache Familienbesuche bei den Eltern oder Geschwistern meiner senegalesischen Mitbewohner. Familienbesuch bedeutet hier vor allem: gemeinsam essen. Das ist der Moment, in dem alle zusammen sind. Ansonsten werde ich als Besucher auch einfach mit einem Saft oder Wasser auf dem Sofa »geparkt« und kriege dazu den Fernseher angeschaltet, weil die Männer nicht zu Hause und die Frauen in der Küche beschäftigt sind.

Einmal sitze ich stundenlang allein im Wohnzimmer einer Familie und schaue mir die César-Verleihung an, während die Frauen der Familie für mich kochen. Natürlich habe ich als Gast in der Küche nichts zu suchen, es soll mir ja gut gehen. Allerdings würde es mir auch wenig nutzen, in die Küche zu gehen, denn ich beherrsche die Landessprache Wolof nicht. Französisch ist für uns alle die Zweitsprache, die jungen Frauen sprechen es meist sehr gut, die Älteren nicht ganz so; meine Fähigkeiten liegen irgendwo dazwischen. Für eine Konversation beim Essen reicht es, aber in der Küche bleiben die Frauen lieber unter sich bei Wolof. Beim Zuhören habe ich den Verdacht, dass die Senegalesen, was die Intensität der Gespräche angeht, so etwas wie die Italiener Afrikas sind. Ich fürchte oft, es sei ein Streit ausgebrochen, während eigentlich nur eine ganz normale Unterhaltung stattfindet.

Nach stundenlangem Kochen gibt es sehr leckeren Reis mit Fisch, nach einem Rezept aus Saint Louis. Serviert wird das Essen auf einer großen Platte. Der gebratene Reis füllt den Boden der Platte, und darauf sind in der Mitte die anderen Zutaten verteilt: die Doraden in großen Stücken, aus denen die Gräten herausgucken, dazu Möhren und Rüben und gebratene Zwiebeln. Das für mich wohlschmeckend-fremde Essen entschädigt mich für die absurde Situation des stundenlangen Fernsehens. Außerdem sage ich mir, dass ich auch deswegen hierhergekommen bin: um tiefer in die hiesige Realität einzutauchen. Und die ist: Ich bin eine – durchaus gern gesehene – Fremde, die man aber – natürlich – mit einer gewissen Distanz betrachtet und behandelt. Was Anderes habe ich erwartet?

Gegessen wird übrigens immer gemeinsam von einer großen Platte, und einmal schiebt mir meine Sitznachbarin mit ihrem Löffel noch ein grätenfreies Extrastück Fisch hinüber. Ich denke einen winzigen Moment an Corona, ehe ich das Stück mit meinem eigenen Löffel nehme und genussvoll kaue.

Wenn ich mit Einheimischen spreche, ist Reisen immer ein Thema. Khady sagt, die Politik müsse sich bemühen, den Zustand zu ändern, der im Moment herrscht: Die Europäer reisen ohne großen Aufwand hierher, während die Senegalesen zunächst einmal für viel Geld eine Menge Papiere besorgen müssen, ehe sie überhaupt ein Visum für Europa beantragen können, das dann trotzdem oft abgelehnt wird. Das ist nicht gerecht.

Bei anderer Gelegenheit geht es direkter zu. Der etwa 60-jährige Vater meiner senegalesischen Mitbewohnerin fragt mich, ob ich ihn nach Deutschland einladen kann. Er hat Geld, er kann seinen Flug und seine Unterbringung selbst bezahlen – was ich ihm glaube, denn es gibt im Senegal durchaus eine vermögende Mittelschicht, die sich Reisen nach Europa leisten kann. Er will seine Familie und sein Zuhause nicht für immer verlassen, er möchte Europa und insbesondere Deutschland einfach nur einmal sehen. Dafür braucht er eben diese Einladung. Ich erkläre ihm, dass eine Einladung bedeutet, dass ich mich verpflichte, für seinen kompletten Aufenthalt aufzukommen, und dass ich das nicht kann. Das versteht er, zumindest nickt er. Als ich ihm sage, dass ich als Schriftstellerin wenig verdiene, nickt er ebenfalls. Aber dass ich kein eigenes Haus habe, sondern mir eine Wohnung teile, erstaunt ihn. Er fragt mich, ob das Leben in Deutschland auch manchmal schwer sei.

»Natürlich«, sage ich, »es ist kein Paradies.«

Er scheint ernsthaft überrascht. Ein Besuch könnte vermutlich helfen, sein Bild vom Leben in Deutschland zu verändern.

Am Nachmittag steige ich zum Arbeiten manchmal aufs Dach, auf dem mein Gastgeber mir einen Arbeitsplatz eingerichtet hat. Natürlich nicht ergonomisch, aber immerhin mit einem gewissen Abstand zum Straßenlärm.

Das Einrichten des Arbeitsplatzes dort oben hat ein paar Tage gedauert, denn leider ist das Dach bei meiner ersten Besichtigung ziemlich zugemüllt. Überhaupt, der Müll. Die ersten Tage registriere ich ihn mit einem »Das ist Afrika«-Gedanken. Doch nach ein paar Tagen geht es mir auf die Nerven, dass hier überall Müll herumliegt: An Straßenecken oder auf den Dächern, die sehr gemütliche Terrassen sein könnten. Ich vermute, die Senegalesen würden ihren Müll auch lieber anders entsorgen, allein: Es gibt hier wenig Möglichkeiten. In Dakar kommt immerhin regelmäßig die Müllabfuhr für den Hausmüll, den man dann direkt beim Fahrer abgibt. Städtische Mülltonnen gibt es nicht, und wer seine privaten Tonnen vor die Tür stellt, findet sie später nicht mehr wieder, weil jemand anders sie sich geschnappt hat. Sperrmüllentsorgung kann man gegen Extrageld bestellen, aber das machen die Leute eher selten, wozu auch, wenn sowieso überall Müllberge sind, aus denen sich immer mal wieder jemand etwas nimmt, was er noch gebrauchen kann. So stehen und liegen überall: ausrangierte Polstermöbel, fleckige Teppiche, kaputte Regale, alte Kühlschränke oder die Verpackungen für riesige Flachbildschirme.

Auf den Dörfern ist es noch schlimmer, da sammelt und verbrennt man den Müll auf dem eigenen Hof oder am Dorfrand. Oft bleibt er einfach liegen. Christine erzählte, sie sei einmal auf einen Baobab zugefahren, dessen eigentlich braune, wie Ratten am Baum hängende Früchte in allen Farben schimmerten. Bei Näherkommen erkannte sie, dass sich vom Wind verwehte Plastiktüten um die Früchte geschlungen hatten. Die Straßenhändlerinnen wollen mir auch jedes Mal meine drei Bananen in eine Tüte packen und sind überrascht, wenn ich das ablehne. Nicht, dass ich mir einbilde, damit das senegalesische Müllproblem zu lösen, aber gelernt ist gelernt, das gilt auch bei Müllvermeidung.

Ich vermute, in ein paar Tagen werde ich den Müll übersehen, so wie vermutlich die meisten Senegalesen. Ganz nach dem Motto: Ich nehme die Dinge hin, die ich nicht ändern kann. Tagsüber gibt es kein Wasser? Man füllt sich abends mehrere 10-Liter-Flaschen als Vorrat für den nächsten Tag. Man hat sein Smartphone im Taxi liegengelassen? Schade, aber nicht schlimm (es wird übrigens in diesem Fall am nächsten Tag zurückgegeben). Die Nachbarn oder die Moschee malträtieren die Umgebung abends mit lauten Gesängen? Es wird schon nicht die ganze Nacht dauern. Es lohnt nicht, sich über dergleichen aufzuregen. Das ist eine Haltung, die mir in Afrika oft begegnet und fremd ist. Ich bin es gewohnt, dass Probleme zeitnah (schon dieses Wort existiert auf Wolof vermutlich nicht) gelöst werden und die Dinge zur Verfügung stehen, immer, sofort, ohne Einschränkung. Hier arrangiert man sich damit, dass die Welt nicht perfekt ist. Vielleicht ist es diese Gelassenheit, die ich hier suche. Die mir hilft, meinen Roman über einen Äthiopier zu schreiben, bei dessen Biografie ich mich nicht nur einmal frage, wie er sein wechselvolles Leben gemeistert hat. Gelassenheit in einer unperfekten Welt war möglicherweise ein entscheidender Schlüssel dazu. Trotzdem frage ich mich an manchen Tagen, ob es wirklich hilfreich ist, hier zu schreiben und nicht zu Hause, an meinem ergonomischen Arbeitsplatz in meiner geordneten Welt. Dann schaue ich auf die Berliner Wetterdaten und auf die Corona-Nachrichten und beschließe, weiter mit senegalesischen Großfamilien Reisgerichte von einer großen Platte zu essen und vielleicht noch einmal für eine Woche auf die Insel zu fahren. Der Rückflug kann warten.

On est ensemble – Corona im Senegal

März / April 2020

Es ist still geworden in Dakar. Der Muezzin ruft nicht mehr mehrfach am Tag zum Gebet, nur zwei Mal am Tag meldet er sich über Lautsprecher, um die Gläubigen daran zu gemahnen, das Beten nicht zu vergessen, auch wenn sie dazu nicht mehr in die Moschee gehen dürfen. Es sind sehr viel weniger Fußgänger und Autos unterwegs als sonst. Einige Geschäfte machen gar nicht mehr auf, andere nur noch wenige Stunden, aber die, die noch halbwegs normal geöffnet haben, schließen kurz vor 20 Uhr, dann beginnt die Ausgangssperre, die bis morgens um sechs dauert. Den Strand, an dem ich vor zwei Wochen noch meinen Weg zwischen Fußballspielern, Schwimmern, anderen Sportlern und Gästen der Strandbar im Slalom nahm, haben Hunde erobert. Herrschaftlich liegen sie in der untergehenden Sonne und heben nicht einmal den Kopf, um die Spaziergänger zu grüßen, die ich an einer Hand abzählen kann.

Ich habe mich dazu gezwungen, jetzt, am späten Nachmittag, einmal aus dem Haus zu gehen, fort von meinem Computer, an dem ich den ganzen Tag wie festgetackert saß und im Zehnminutentakt die Facebook-Seite des Auswärtigen Amtes aktualisierte, auf der die Rückholaktionen für gestrandete deutsche Urlauber angekündigt werden. Heute Myanmar, Bahamas, Jamaica. Senegal ist noch nicht dabei, wir sind offenbar nur wenige Deutsche hier, da lohnt sich kein Flieger. Und jene, die mit Urlaubern aus Südafrika oder Namibia in Richtung Europa unterwegs sind, sind vermutlich zu voll, um einen Zwischenstopp in Dakar einzulegen. Ich bin auf die Rückholaktion angewiesen, denn der Flughafen von Dakar ist seit dem 19. März für Linienflüge gesperrt, die Ankündigung dazu kam 30 Stunden vorher, zu kurzfristig, um darauf noch mit einer Ausreise reagieren zu können. Einzig Air France bekommt offenbar noch Sondergenehmigungen – Franzosen stellen hier die größte Gruppe von Touristen – aber mein Versuch, mit ihnen wenigstens bis Paris zu kommen, ist gescheitert.

Als ich vor etwa sieben Wochen hier ankam, schien es mir die ganz große Freiheit zu sein: Noch nicht zu wissen, wann ich nach Deutschland zurückkehren würde, und das irgendwann später zu entscheiden. Nun weiß ich noch immer nicht, wann ich zurückkehren werde, aber ich kann es nicht mehr selbst entscheiden. Das verändert alles. Die Freiheit ist zu einer Art Gefängnis geworden.

Zu einem vergleichsweise angenehmen, wenn ich die Berichte gestrandeter Urlauber in anderen Ländern lese und die Fotos vom Schneeregen betrachte, die mir Freunde über Whatsapp von zu Hause schicken. Hier scheint die Sonne, wir haben um die 25 Grad und die Menschen sind freundlich. Der Obsthändler um die Ecke gibt mir einen Rabatt (ich verzichte darauf, darüber nachzudenken, ob der Rabatt auf einen »Weißenpreis« gegeben wird), die wenigen Kinder, die noch auf den staubigen Wegen spielen, grüßen mich nach wie vor mit einem höflichen und dabei nach Aufmerksamkeit heischenden *Bonjour*, und ich muss lächeln, wenn ich ihnen antworte. Nur spontan die Hand geben sie mir nicht mehr.

Manchmal gehe ich auf einen Kaffee zu Khady. Dann sitzen wir mit ihren spielenden Kindern vor dem Fernseher und verfolgen die Nachrichten. Noch gibt es im Senegal weniger als 200 Coronafälle, von denen immerhin 40 auch schon wieder genesen sind. Einmal hält Präsident Macky Sall eine Ansprache und steht dabei vor einem Waschbecken, an dem er zum Abschluss seiner Rede demonstriert, wie man sich richtig die Hände wäscht. In dem folgenden Musikclip widmen sich etwa fünfzehn verschiedene Sänger des Landes in kurzen Sequenzen unterschiedlicher Musikrichtungen dem Thema Händewaschen. Khady sagt, es bricht ihr das Herz für Afrika, das sowieso schon arm ist. Ich habe sie noch nie so niedergeschlagen erlebt. Auch für sie persönlich hat diese Krise Auswirkungen, sie vermietet Appartements und Zimmer hauptsächlich an Europäer. Die nun nach und nach abreisen. Und niemand weiß, wann sie wiederkommen. Für einen Moment vergesse ich mein Gefühl von Gefangensein und sage mir, wie privilegiert ich bin: Ich habe eine – noch immer recht gut gedeckte – Kreditkarte in der Tasche, einen deutschen Pass und ein Heimatland, das gerade Rettungsschirme für Menschen in Khadys Situation spannt. Und mich nach Hause holen wird. Selbst wenn es bis dahin noch zwei Wochen dauern sollte.

Als ich mich verabschiede, um vor der Ausgangssperre in meinem Quartier zu sein, spricht sie mir Mut zu, ich werde sicher bald nach Hause können. Und so lange ich hier bin, soll ich mich nicht sorgen – sie und ihr Mann sind für mich da. »On est ensemble«, sagt sie. Wir sind zusammen. Es gibt schlimmere Gefängnisse. Trotzdem hoffe ich, bald zu Hause zu sein.

PS. Just am Tag nach Verfassen dieses Textes kam die Nachricht, dass das Auswärtige Amt auch die gestrandeten Urlauber aus dem Senegal zurückholt. Inzwischen sitze ich in freiwilliger Quarantäne in Berlin – symptomfrei.

Corona im Senegal – Zwanzig Monate später

Dezember 2021

Ich bin zurück. Im Wohnzimmer meiner Freundin Khady, wo wir am Anfang der Pandemie saßen und die Bilder aus Bergamo sahen. Damals nickte ich, als sie irgendwann sagte: »Ich komme mir vor wie in einem schrecklichen Film.«

Ich bin wieder in Dakar. Damals war der weltweite Flugverkehr praktisch zum Erliegen gekommen, ich saß fest und wusste nicht, wann ich nach Hause kommen würde. Die Welt war aus den Fugen geraten, etwas war geschehen, von dem noch niemand sagen konnte, wohin es führen würde. So gern ich in Dakar und bei meinen Freunden war, wollte ich in dieser Situation doch lieber in meiner Wohnung in Berlin sein und in der Nähe meiner Familie. Als ich nach drei Wochen bangen Wartens einen Evakuierungsflug nach Köln bekam, fühlte ich mich allerdings schlecht: Die Prognosen für Afrika in dieser Pandemie waren verheerend. Und ich reiste ab ins vermeintlich sicherere Europa und ließ meine senegalesischen Freunde *dans la merde* zurück.

Nun, zwanzig Monate später komme ich aus dem wieder lockdownbedrohten Deutschland und erlebe ein munteres Dakar, in dem der Optimismus die Oberhand behalten hat. In Ouakam, dem Viertel, in dem ich bei Khady wohne, wird gebaut – an jeder Ecke, in jeder Straße entstehen neue Häuser oder die vorhandenen werden aufgestockt. Leider auch das, in dem Khady wohnt, wie ich schnell feststelle. In Berlin hatte ich ebenfalls in den letzten Monaten eine Baustelle vor dem Fenster. Meine Hoffnung, es hier etwas ruhiger zu haben, bewahrheitet sich leider nicht. Als ich mich über den Lärm beklage, sagt Khady mit dem hier typischen Achselzucken: »Drei Monate hieß es, jetzt sind es schon zehn.« Das kommt mir sehr bekannt vor. Während ich in Berlin jedoch deswegen zwischen Wut und Verzweiflung schwanke, schließe ich mich hier dem Achselzucken an.

Die kleinen Geschäfte, die in jenen ersten Wochen der Pandemie freiwillig schlossen, haben wieder geöffnet, nichts mehr ist von der damaligen fast gespenstischen Stille zurückgeblieben. Einige Geschäfte haben nicht überlebt. Vielleicht hätten sie es ohnehin nicht? Leid tut es mir um die kleine Reinigung, die eine junge, sympathische Frau betrieben hatte, die mir meine gewaschene Wäsche vorbeibrachte, nachdem sie herausgefunden hatte, wo ich wohne. An der Stelle ihres Geschäfts befindet sich jetzt ein Friseur. Wo mag sie jetzt sein?

Ich bedaure auch, dass es den kleinen Shop nicht mehr gibt, in dem es Bier und Wein gab. In einem muslimischen Land ist der Weg zu Alkohol eben etwas weiter – in meinem Fall brauche ich jetzt knapp zwanzig Minuten Fußweg bis zum Supermarkt. Ich könnte ein Taxi nehmen, aber das lohnt kaum, schneller bin ich bei den allgegenwärtigen Staus in Dakar damit auch nicht. Und am Abend meiner Ankunft bin ich einfach zu müde für das übliche Verhandeln mit den Taxifahrern. Meine Energie dafür habe ich am Morgen schon verbraucht, als ich vom Busbahnhof zu Khady fuhr. 2000 CFA (etwa 3,20 €) soll es maximal kosten, hatte sie mir geschrieben. Der erste Taxifahrer wollte das Doppelte, mit dem zweiten einigte ich mich auf 3000 CFA, zu erschöpft für weitere Verhandlungen nach einer Nacht im Flugzeug, einer Stunde am Flughafen mit Pass- und Impfausweiskontrollen und einer weiteren im Bus vom Flughafen und mit dem Gepäck für etwa drei Monate.

Inzwischen habe ich zwar eine Stunde geschlafen, aber den Schlafmangel noch nicht wirklich kompensiert, und mache mich knapp nach Sonnenuntergang auf den Weg zum Supermarkt, denn für den Temperaturanstieg von etwa 25 Grad wird mein Körper ein paar Tage brauchen. Tapfer trage ich mein Gazelle, das einheimische Bier, vom Supermarkt durch staubige Straßen, vorbei an unzähligen halbfertigen und doch bewohnten Häusern und angepflockten Ziegen und registriere eine neue Djibiterie, ein hiesiger Imbiss, der hauptsächlich frisch auf Holzkohlefeuer geröstete Fleischspieße anbietet. Ich weiche Pferdewagen und Autos aus, deren Staubwolken mich einhüllen. Ich grüße die Kinder, die höflich *Bonjour* sagen, wenn ich vorbeigehe, lächle den Bananen- und Erdnussverkäuferinnen an den Straßenecken zu und freue mich, wenn sie mein Lächeln erwidern.

Im Supermarkt ist das Tragen von Masken Pflicht, in den kleinen Shops scheint es fakultativ zu sein – oder wird zumindest so gehandhabt. Draußen tragen nur wenige Menschen Masken, ansonsten allenfalls noch die Taxifahrer und sehr selten Leute in privaten Fahrzeugen.

Das hatte ich in den Informationen des Auswärtigen Amts gelesen: Masken seien in Privatfahrzeugen mit mehr als zwei Insassen Pflicht, Nichteinhaltung werde streng bestraft. Also fragte ich Khady, als ich nachmittags zu ihr und den Kindern ins Auto stieg. Sie winkte ab. Später erzählt sie, dass es hier offenbar viele asymptomatische Verläufe von Corona-Infektionen gegeben habe. Ihre Schwägerin, die aus Frankreich zu Besuch kam, hatte sich kurz vor ihrem Heimflug testen lassen und so erst festgestellt, dass sie sich infiziert hatte.

Zum Eigenschutz habe ich mir in Berlin kurz vor meinem Abflug noch eine dritte Impfung abgeholt, aber auch, um hier diejenigen zu schützen, denen ich nahekomme, weil wir in einem Haushalt wohnen. So jedenfalls war meine Überlegung, doch im Grunde kümmern sich die Menschen hier wenig um Corona. Khady ist doppelt geimpft. Ihr Mann nicht, obwohl es inzwischen kein Problem mehr ist, an die Impfung zu kommen. »Wir essen dauernd Chili, Zitrone, Knoblauch, das hilft unseren Abwehrkräften«, sagt Khady und ich frage mich, was Wissenschaftler wohl irgendwann zum Verlauf der Pandemie in Afrika sagen werden. Dass die vorhergesagte Katastrophe ausblieb, kann nicht nur an Zitrone und Chili liegen. Die junge Bevölkerung ist sicher ein Grund und die Tatsache, dass sich bei den hiesigen Temperaturen das Leben zumeist draußen abspielt. Und doch gibt es hier viele Gelegenheiten, bei denen sich das Virus ausbreiten könnte; schon am Nachmittag meiner Ankunft essen wir wie immer: nah beieinandersitzend gemeinsam senegalesischen Reis mit Gemüse und Fisch von einer großen Platte. Und am nächsten Abend schläft Khadys zweijähriger Sohn Bilal abends in meinen Armen ein. Die Sicherheitsmaßnahmen, die wir vor zwanzig Monaten beachteten, haben sich nicht durchgesetzt.

Jedenfalls haben wir das Thema Corona innerhalb kürzester Zeit abgehandelt und können uns sehr bald wieder auf das Wesentliche konzentrieren: Dass wir Zeit zusammen verbringen können. *On est ensemble.*

Teju Cole und der Schuster von Ouakam

Dezember 2021

Eines Morgens fragt Khady mich, ob ich sie begleiten möchte, sie hat ein paar Dinge zu erledigen und falls ich mich langweilen würde …

Ich klappe meinen Laptop, der sowieso nur Arbeit für mich bereithält, zu und beschließe, die Gelegenheit für eine Stadtrundfahrt zu nutzen. Immerhin denke ich daran, mir ein Buch einzustecken, denn das hier gebräuchliche *vite-fait* kann sich gern schon mal ein paar Stunden hinziehen. Und auf Teju Cole habe ich mich sowieso schon gefreut. Außerdem können wir am Ende der Fahrt vielleicht beim Schuster vorbeifahren, denn gleich an meinem zweiten Tag hat sich die Sohle eines meiner Schuhe gelöst, als ich an einer Treppenstufe hängengeblieben bin. Das passiert mir hier jedes Mal, denn die Stufen sind hier nicht genormt und da passiert es leicht, dass ich an einer unregelmäßigen hängenbleibe. Es wird noch ein paar Tage dauern, bis sich meine Füße an die ungenormten Stufen anpassen.

Unsere Fahrt beginnt damit, dass Khady feststellt, weder Papiere noch Geld bei sich zu haben und noch einmal nach Hause zurückfährt. Dann muss sie an einer Tankstelle halten, weil einer ihrer Reifen keine Luft mehr hat. Endlich lassen wir den Stau der Hauptstraße hinter uns und biegen in eine Straße in Mermoz ein. Hier wohnen die Toubabs, die Weißen. Ich verstehe, warum man hier wohnen will: Bäume spenden Schatten, Bougainvillen säumen richtige Straßen, nicht staubige Sandwege wie sie in Ouakam, dem Viertel, in dem ich bei Khady wohne, verbreitet sind.

»In einem der Häuser gibt es auf dem Dach einen Pool. Da würde ich gern wohnen«, sagt Khady. »Aber teuer ist es.«

Natürlich.

Wir halten an einer Orange-Money-Hütte, an der Khady Geld abhebt, um es in der Bank einzuzahlen – die Zahlungssysteme Bank und Mobile Pay sind hier offenbar nicht kompatibel. Während ich am Auto warte, rollt ein Mann vom Dakarer Ordnungsamt auf einem Motorroller heran. Ich muss ihn davon abhalten, Khadys – widerrechtlich – geparktes Auto mit einer Kralle zu versehen. Lächelnd, aber unnachgiebig setzt er die Kralle schon mal an, als ich mich ans Steuer setze und ein Wegfahren andeute, indem ich immerhin den

Motor starte. Dabei denke ich, dass ich jetzt alles noch schlimmer mache, denn mein Internationaler Führerschein liegt sicher zu Hause in Ouakam. Aber dem Mann vom Ordnungsamt reicht meine Geste des guten Willens und die Versicherung, dass die Besitzerin des Autos gleich wegfahren wird. Gutmütig winkt er ab und konzentriert sich auf einen anderen Falschparker.

Auf den Roman von Teju Cole kann ich mich erst an unserer nächsten Station konzentrieren, während Khady das Geld auf der Bank einzahlt. Die zuerst ins Auge gefasste hatte eine zu lange Schlange und keine Parkplätze, diese hier hat wenigstens Parkplätze. Ich versichere Khady, dass ich mich nicht langweilen werde und widme mich endlich Teju Cole.

In »Jeder Tag gehört dem Dieb« kehrt der Held nach langer Abwesenheit nach Nigeria zurück. Zwölf Jahre hat er in den USA gelebt und dort ein anderes Leben, vor allem ein rechtsstaatliches, kennengelernt. Er schildert seine Ankunft in Lagos, wo er innerhalb einer Stunde dreimal mit der in Nigeria verbreiteten Korruption konfrontiert wird. Die emotionale Rückkehr in sein Heimatland wird von der Wut darauf überschattet. Im Laufe seiner Reise versteht er, dass das ständige Hand-Aufhalten überlebenswichtig ist. Das macht die Wut nicht kleiner, aber es gibt ihm ein anderes Verständnis dafür, das allerdings immer wieder auf die Probe gestellt wird.

Ich habe etwa die Hälfte des 150 Seiten umfassenden Buches ausgelesen, als Khady aus der Bank zurückkommt und mich in den Senegal zurückkatapultiert, in dem ich selbst nur ein einziges Mal Zeugin von Korruption war – vor drei Jahren, als ich mit Khadys Bruder in einem Auto ohne Versicherung unterwegs war und ein Polizist seinen Führerschein einziehen wollte. Mit einem Geldschein in einem Gegenwert von vielleicht 20 € löste er das Problem damals. In Nigeria wäre das teurer gewesen. Oder gefährlicher, denn die allgegenwärtige Korruption führt dazu, dass auch Gewalt in dem Land ständig präsent ist. Gerade habe ich über den Onkel des Helden gelesen, der bei einem Raubüberfall erschossen wurde. Nigeria, beschließe ich nicht zum ersten Mal, bleibt vorläufig auf meiner persönlichen Reisewarnliste. Ich will gern weitere afrikanische Länder kennenlernen, aber lebensmüde bin ich nicht – und über starke Aggressivität als Grundstimmung in Nigeria habe ich leider schon häufiger gehört.

Wir setzen unsere Fahrt fort, im Viertel Sacre Coeur hat Khady ihr Büro, das sie nur selten aufsucht, da sie ihre Geschäfte als Immobilienmaklerin weitgehend telefonisch abwickelt. Nur wenn sie Papiere braucht oder etwas drucken muss, fährt sie dorthin. Ihr Büro liegt an einer großen Straße, die derzeit ausgebaut wird, Schilder mit chinesischen Zeichen weisen auf die Investoren dieser Baumaßnahme hin. Einstöckige Häuser allein würden der Straße ein beschauliches Aussehen geben – wäre da nicht die Baustelle. Boutiquen, Schönheitssalons, Reinigungen oder Restaurants befinden sich in den Erdgeschossen der Häuser und darüber vermutlich viele Büros wie das von Khady, zu dem wir zwischen Wäscherei und Boutique hinaufsteigen. Ein kleiner Raum mit zwei Schreibtischen und einem Sofa, auf dem ich mit Teju Cole weiter durch Nigeria reise, während Khady Papiere zusammensucht. Still ist es hier, auf der Baustelle wird gerade nicht gearbeitet und unerbittlich knallt die Mittagssonne auf die baumlose Straße. Die für Dakar ungewohnte Stille überrascht mich, doch als ich aus dem Fenster sehe, ist es so, wie es sich anhört: Da ist niemand. Nur einmal klappt eine Autotür und ein Mann trägt ein Paket in die Boutique.

Nach einer halben Stunde geht es weiter, Khady lässt mich noch einmal im Auto allein, als sie im Supermarkt einkaufen geht – Kartoffeln brauche sie noch, sagt sie und kommt mit Fanta und Keksen zurück. Die Kartoffeln haben ihr nicht gefallen und bei der Gelegenheit hat sie beschlossen, heute nicht zu kochen, sondern Essen zu bestellen. Sie verwirklicht ihre Idee sofort und bestellt telefonisch etwas, was sie mir später als typisch kongolesische Speise vorstellt: Reisknödel mit einer cremigen Soße aus Spinat und Ziegenfleisch.

Zurück geht es durch kleine, angenehme Straßen, in denen von frischen Anstrichen leuchtende Häuser eng stehen und Schatten spenden. Irgendwann sind wir wieder in Ouakam und ich bin überrascht, wie groß dieses Viertel ist, das erst vor etwa zehn Jahren angelegt wurde – was erklärt, warum hier so viel gebaut wird. Vor einem Wohnhaus halten wir und Khady ruft an, um zu sagen, dass wir da sind und das Essen abholen wollen. Es dauert noch etwa zehn Minuten, dann bekommen wir zwei Tüten ins Auto gereicht.

Etwa vier Stunden waren wir für *vite-fait* unterwegs und haben dabei am Ende den Schuster vergessen. Nachdem wir gegessen haben und ich mich vergewissert habe, dass die Arbeit in meinem Laptop noch warten kann, mache ich mich noch einmal auf den Weg. Khady hatte eigentlich mitkommen wollen, um mir den Weg zu zeigen und aufzupassen, dass der Schuster keinen »Toubab-Preis« berechnet. Sie hat aber keine Zeit, also schärft sie mir ein, dass die Reparatur nicht mehr als 500 CFA kosten darf.

Die erste Herausforderung ist es, den Schuster überhaupt zu finden, ich schlängle mich vorbei am Gewusel des Marktes mit Ständen voller Bananen, Melonen und Mandarinen, Zwiebeln und Tomaten, an Batterien von Plastiktöpfen und -schemeln, kitschigen Kissen und Cremetöpfen, von denen ich nur die Sheabutter kenne, die neben Kajalstiften und Räucherstäbchen angeboten wird. In der stillen Straße hinter dem Markt soll irgendwo der Schuster sein, doch die Geschäfte, die ihre Waren nicht auf der Straße stehen haben, tragen nur selten Schilder, auf denen steht, was sie im Innern anbieten – schließlich kennen die Einheimischen sich hier aus.

Immerhin gibt es ein Geschäft, das Schuhe verkauft, gut sichtbar auf einem Gitter präsentiert. Gebrauchte Schuhe, was hier üblich ist. Ein junger Mann in Jogginganzug und mit Sonnenbrille sitzt vor dem Geschäft und schrubbt ein paar – vermutlich aus Europa eingeführte – abgetragene Turnschuhe. Ist das der Schuster? Ich entscheide, dass Fragen ja auch hier nichts kostet, zeige ihm meine kaputte Sandale und frage, ob er sie reparieren kann. Er murmelt etwas, was ich als »Ja« interpretiere, erst recht, nachdem er mir einen eleganten, aber unbequemen Metallstuhl zurechtgestellt hat, auf dem ich Platz nehme.

Sorgfältig sucht er in einem Plastiksack nach Klebstoff, reinigt den Schuh von alten Kleberesten, trägt den Leim auf und lässt ihn antrocknen. Während wir warten, bewundere ich die farbenfrohen Boubous der vorübergehenden Männer sowie die ebenso bunten Kleider und den stolzen Gang der jungen afrikanischen Frauen. Selbst wenn sie keine Schüssel mit Waren auf dem Kopf tragen, was hier sehr oft zu sehen ist, bewegen sie sich so, dass sie es jederzeit könnten. Im Alter verwandelt sich der elegante Gang oft in ein gebeugtes Schlurfen, in dem alle Lebensanstrengungen erkennbar sind – doch eine Schüssel mit mehreren Kilo Bananen oder Schmuck zum Verkauf können sie auch dann noch tragen. Mehrfach wird der Schuster von Passanten angesprochen und auch wenn ich die Sprache der Einheimischen, Wolof, nicht verstehe, erkenne ich, dass hier ganz offensichtlich immer das Begrüßungsritual abläuft:

»Wie geht's?«

»Gut, danke. Und selbst?«

»Danke, gut. Und mit der Familie alles gut?«

»Ja, alles gut. Und die Arbeit?«

»Gut, danke.«

Erst wenn die letzte Frage dieser ausführlichen Grußformel gestellt und – in Variationen – beantwortet ist, wendet sich der Passant wieder seinem Weg zu.

Endlich reicht mir der Schuster meinen Schuh. »C'est bon«, sagt er auf meine Frage, was ich ihm schuldig bin. Ich vermute ein Missverständnis und frage noch einmal.

»Si je dis c'est bon, c'est bon.«

Überrascht packe ich meine Sandale ein und verabschiede mich. »A la prochaine fois.« Obwohl es nicht sein muss.

Ob das in Nigeria auch so passiert wäre?

Warum auf meinen Fotos nur wenige Menschen zu sehen sind

Januar 2022

Als ich 2013 zum ersten Mal im Senegal war, prägte sich mir ein Moment besonders ein: Ich fotografierte in Saint-Louis, der früheren französischen Kolonialhauptstadt, die Umgebung und entdeckte plötzlich einen einheimischen Jugendlichen, der wiederum mich dabei fotografierte, wie ich seine Stadt und ihre Bewohner ablichtete. Ich senkte ertappt die Kamera und hielt seinem Blick stand, der freundlich war, in dem aber auch ein Hauch von Provokation lag: So ist es, wenn man ungefragt fotografiert wird.

Seither habe ich von meinen Reisen so viele Fotos mitgebracht, dass mich die Datenmenge erschlägt, wenn ich ein spezielles Foto auf meiner Festplatte suche. Immer häufiger bin ich des Fotografierens müde, weil ich an die Unmenge von Fotos denke und möchte inzwischen oft lieber den Moment wahrnehmen, als darüber nachdenken, wie ich ihn konservieren kann. Vor allem aber bin ich vorsichtiger dabei geworden, Menschen abzulichten. Insbesondere hier im Senegal geschieht es häufig, dass jemand energisch den Kopf schüttelt, sobald ich die Kamera hebe. Der Islam verbietet Bilder zwar nicht (ohnehin sind viele angenommenen Verbote eher Empfehlungen, so ist ein Bier oder ein Glas Wein durchaus mit dem Koran vereinbar, zumindest in diesem Land, in dem ein gemäßigter Islam gelebt wird). Aber es gibt eben viele Menschen, die ihr Bild nicht auf irgendwelchen Festplatten von Europäern wissen möchten.

Vielleicht bin ich auch erst durch ein Erlebnis vor einigen Jahren in Äthiopien besonders sensibilisiert. In unserer Reisegruppe war ein Deutscher, der sich damit brüstete, bereits 98 Länder der Erde bereist und bei jeder seiner Reisen mindestens 4000 Fotos gemacht zu haben. Einmal schipperten wir auf einem kleinen Boot über den Blauen Nil und eine junge Einheimische ihm gegenüber wand sich auf ihrem Platz, weil sie seiner Linse ausweichen wollte und dem unvermeidlichen Klicken der Kamera. Vollkommen ungerührt von dieser eindeutig unwilligen Geste drückte er wieder und wieder ab. Am selben Abend wiederholte sich dieser Moment mit einer anderen

Einheimischen, die weniger Scheu zeigte und »Nein« sagte. Da hatte er längst abgedrückt und wir anderen riefen unioso: »Löschen!«

Seine Antwort kam prompt und wiederum vollkommen empathielos und sich selbst zum Mittelpunkt der Welt erklärend: »Ich lösche nie ein Foto.« Ich habe mich in meinem Leben selten so fremdgeschämt.

Wenn ich seither mit der Kamera um den Hals die Straße entlanggehe, habe ich diese Erfahrung im Hinterkopf. Und wenn jemand eine ablehnende Handbewegung macht, weil ich die Kamera hebe, breche ich sofort ab. Die Menschen haben ein Recht darauf, nicht abgelichtet zu werden – warum auch immer sie das nicht wollen. Eine Straßenszene mit Dutzenden von Menschen zu fotografieren, erweist sich deshalb als schwierig. Aber es gehört für mich selbstverständlich zum Respekt dem Land gegenüber, in dem ich ein freundlich aufgenommener Gast bin, mich dem Wunsch seiner Bewohner zu fügen.

Senegal a gagné oder: Mein erster Autokorso
Februar 2022

Ich bin pleite. Das stimmt nicht ganz, aber es fühlt sich so an. Ich sitze an einem Februartag in Dakar und habe noch 1.500 CFA-Francs in der Tasche, was etwa 2 € entspricht. Gerade bin ich in sengender Mittagshitze auf meist sandigen Wegen zu den drei fußläufig erreichbaren Automaten gestapft, was etwa zwanzig Minuten dauert. Keiner der drei war an diesem Tag bereit, mir Geld zu geben, was nicht an meinem Kontostand liegt. Ich bin wirklich gern in Afrika – wegen der Sonne und der Gelassenheit der Menschen; ich mag das Unperfekte, das nicht einmal den Anspruch hat, perfekt sein zu wollen. Aber muss Afrika ausgerechnet dann unperfekt sein, wenn ich Geld brauche?

Ich bin inzwischen knapp zwei Monate im Senegal und meine anfängliche Freude über das unorganisierte Leben hier ist etwas erschöpft und weicht immer häufiger der Frage, wie die Menschen hier das ihr Leben lang aushalten – und sich davon nicht ihre Lebensfreude nehmen lassen. Ich ärgere mich auch darüber, dass ich Khadys Mann Khadim vor drei Tagen mein fast letztes Geld geliehen habe und der Versicherung geglaubt habe, es in zwei Tagen zurückzubekommen. Schließlich kenne ich Afrika lange genug, um zu wissen, dass das hier nie funktioniert.

Jetzt habe ich nicht einmal mehr Geld, um mit einem Taxi – dem zentralen öffentlichen Verkehrsmittel – zu einem anderen Automaten zu fahren. Also verbringe ich den Nachmittag schlecht gelaunt zu Hause. Eigentlich hatte ich meine Wäsche in die Wäscherei bringen wollen. Hier gibt es keine Waschsalons wie zu Hause, sondern nur solche, in denen man seine Wäsche abgibt und die Frau in der Wäscherei sie dann in die Waschmaschine stopft, zum Trocknen aufhängt, später von der Leine nimmt und faltet. Das ist nett, weil man sich wirklich um nichts kümmern muss und in einem Land mit hoher Arbeitslosenquote unterstütze ich Unternehmerinnen gern. Das Einzige, was mir daran missfällt: Der Vorgang dauert nicht wie im Waschsalon zwei Stunden, sondern zwei Tage. Ich muss das also bald machen, wenn ich meine Wäsche vor dem Wochenende sauber zurückhaben möchte.

Ich müsste meine kaputten Schuhe zum Schuster bringen und meinen Wocheneinkauf machen, der sich hauptsächlich auf Bier beschränkt, da meine Gastgeberin Khady in der Regel für mich mit kocht. Es ist einfach unkomfortabel, kein Geld in der Tasche zu haben. Dabei habe ich eine gut gedeckte Kreditkarte und auch Bargeld, nur in der falschen Währung. Vermutlich kann ich hier in der Nähe irgendwo Euros in CFA-Francs tauschen, aber ich weiß nicht wo und bin von meinem erfolglosen mittäglichen Marsch so erschöpft und schlecht gelaunt, dass ich nirgends hingehen und fragen mag. Vermutlich werde ich erst morgen erneut zum Geldautomaten aufbrechen – denn wie ich Afrika kenne, ist auch die Reparatur von Geldautomaten keine Sache von Stunden, sondern eher von Tagen.

Immerhin verspricht der Abend einen Lichtblick, Khady, die Kinder (zwei und fünf Jahre alt) und ich werden zusammen Fußball gucken. *Coupe d'afrique des nations*, Halbfinale, Senegal gegen Burkina Faso. Für das Viertelfinalspiel gegen Äquatorialguinea hatte Khady für sich und ihr Auto einen Wimpel und für die Kinder Schweißbänder in den Farben der senegalesischen Flagge (wie bei den meisten afrikanischen Ländern: Grün, Gelb, Rot) gekauft. Für das Halbfinalspiel gibt es Tröten in eben diesen Farben und die Kinder lieben sie sofort. Über den infernalischen Lärm hinweg schreie ich Khady zu, dass sie sich sicher bald fragen wird, warum sie diese Teile gekauft hat. Sie brüllt mit breitem Grinsen zurück, dass sie sich das jetzt schon fragt. Und fügt hinzu: »Wir gewinnen heute Abend. Zwei Null.« Meine Frage, ob sie auch Lottozahlen vorhersagt, geht im Trääà-Trääà der Kinder unter.

Glücklicherweise haben es Kinder in dem Alter ja noch nicht so mit Ausdauer und irgendwann lässt der Lärm nach. Ich finde mich zehn Minuten vor Beginn des Spiels mit meinem letzten Bier im Salon ein, um etwas vom Einstimmungsprogramm mitzubekommen: Diskussionen zur Spieleraufstellung und möglichen Taktik – jedenfalls vermute ich das, ich verstehe nämlich erstens kein Wolof (die Hauptsprache des Senegal) und zweitens von Fußball überhaupt nichts. Aber es gefällt mir, dass Bilder vom gemeinschaftlichen Fußballschauen gezeigt werden, das in Dakar an verschiedenen Orten möglich ist. Unter anderem nur fünf Minuten Fußweg von uns entfernt am Fuße des *Monument de la Renaissance africaine*, einem Kunstwerk, das ich zugleich faszinierend und scheußlich finde: 52 Meter hoher bronzener Sozialistischer Realismus. Ein in Richtung Westen schreitender Mann trägt auf einem Arm ein Kind und zieht mit dem anderen eine Frau hinter sich her. Ich weiß nicht, ob die *Dakaroises* das *Monument* mögen, vermute aber, dass sie dazu nicht viel zu sagen haben. Es wird damit sein wie so vieles hier: Es ist einfach da. Die Freifläche vor dem *Monument* jedenfalls mögen sie, zum Schlendern, Skaten, Joggen – die *Dakaroises* sind sehr sportlich, überall an der Corniche stehen öffentliche Klimmzugstangen und andere Geräte, die die zahlreichen Jogger zur Abwechslung nutzen; an den Stränden wird Fußball gespielt, gejoggt oder sich mit Sit-ups in Form gebracht. Der Platz vor dem *Monument* wird auch für Märkte oder Konzerte genutzt oder eben zum gemeinsamen Fußballschauen. Was hier nicht vordergründig deshalb bereitgestellt wird, weil gemeinsames Schauen netter ist, sondern weil sich viele *Dakaroises* schlicht keinen Fernseher leisten können.

Pünktlich zu Spielbeginn haben sich noch eingefunden: Khadys fünfzehnjährige Nichte Farih und ein Nachbar, der schon beim Viertelfinale Khadys Jubelfreude empfindlich gestört hatte. »Wenn der Nachbar mich mit Madame Sarr anspricht, kann ich doch hier nicht laut schreien oder jubeln«, hatte sie sich bei mir nach dem Spiel beklagt. Auf meine Frage, warum sie ihn überhaupt eingelassen hat, sah sie mich befremdet an: »Dies ist Afrika, da sagt man nicht nein. Aber das nächste Mal mache ich einfach nicht auf.« Das hat offensichtlich nicht geklappt. Wahrscheinlich darf man in Afrika auch nicht einfach die Tür nicht öffnen – es widerspricht dem Gedanken der Gastfreundschaft.

Über das Spiel kann ich nicht viel sagen – wie gesagt, ich habe von Fußball keine Ahnung. Zur Halbzeit steht es immer noch Null zu Null, aber Khady bleibt fröhlich, denn sie weiß ja, dass ihre Mannschaft Zwei zu Null gewinnen wird. Erst ab der 70. Minute purzeln die Tore und in der 76. Minute scheint Khadys Vorhersage einzutreffen. Dabei hören wir den Torjubel vom *Monument* jedes Mal schon, bevor wir die Tore auf unserem Bildschirm sehen, der große Bildschirm scheint ein schnelleres Signal zu haben. Es fallen dann noch zwei Tore: eines für Burkina Faso und schließlich, in der 87. Minute das erlösende und finale Drei zu Eins. Jetzt ist Dakar nicht mehr zu halten: Silvesterraketen werden gezündet, es wird gehupt, gejubelt, gebrüllt, gesungen, getanzt. Khadys Kinder stehen auf dem Balkon, winken mit Fähnchen und brüllen für alle, die es womöglich noch nicht mitbekommen haben, immer wieder: »Senegal a gagné«. Wir sehen vom Balkon aus Menschenmassen in Richtung *Monument* strömen und im Fernseher die Bilder mit denen, die schon dort sind und feiern.

Mein Verhältnis zu großen Fußballturnieren lässt sich am besten damit beschreiben, dass ich 2014 den Bäcker in meiner Straße etwa ein halbes Jahr lang boykottierte, weil ich am 14. Juli auf die Frage nach einem bestimmten Brötchen zur Antwort bekam: »Das sind Weltmeisterbrötchen.« Ach, da sind also Weltmeister drin? Ich nahm dann ein anderes Brötchen und danach lange gar keines mehr in diesem Laden. Aber hier, an diesem Februarabend in Dakar, teile ich die Freude all jener, die dort singen, tanzen, rufen, feiern. Vielleicht liegt es an meinem komplizierten Verhältnis zu Deutschland, dass ich immer das Gefühl habe, ein Sieg dort heißt: »Wir sind eben besser als der Rest der Welt«. Hier fühlt es sich eher an wie: »Wir können auch etwas gewinnen«. Das macht es sehr viel sympathischer.

Gerade, als wir finden, nun ist genug gefeiert und die Kinder sollten ins Bett gehen – schließlich müssen beide morgen in die Schule beziehungsweise in den Kindergarten – verwickelt eine vor dem Haus stehende Nachbarin Khady in ein Gespräch. Ich bin schon auf dem Weg in mein Zimmer, um in Stille den Abend ausklingen zu lassen, der meinen Gastgebern und schließlich auch mir so viel Freude bereitet hat, da ruft Khady mir zu: »Komm schnell, wir nehmen das Auto der Nachbarin.« Und weil ich nicht sofort reagiere, ruft sie noch einmal: »Vite, vite!«

Da Khady ansonsten die afrikanische Gelassenheit in Person ist und es nie wirklich eilig hat, verstehe ich, dass es jetzt wirklich schnell gehen muss. Muss ich irgendwas mitnehmen? Ich bin noch nie in einem Autokorso mitgefahren. Mein Kleid hat keine Taschen und eine Handtasche zu packen reicht die Zeit nicht aus. Mein Portemonnaie brauche ich nicht, weil eh nichts drin ist, meinen Schlüssel finde ich nicht. »Schlüssel hab' ich, schnell, schnell«, sagt Khady, die den Zweijährigen auf dem Arm hat, in T-Shirt und mit Windel, ohne Schuhe.

Und dann sitzen wir im Auto: Khadys Kinder und der Junge der Nachbarin, eine Jugendliche und ich auf der Rückbank, vorn Khady und die Nachbarin, die immerhin noch ein Tuch um die Haare geschlungen hat. Die Frauen hier halten es unterschiedlich mit der Frage der Kopfbedeckung – Khady habe ich noch nie mit Kopftuch gesehen, viele Frauen tragen Tücher in der Farbe ihrer Kleider mit satten Farben und aufwändigen Mustern, wieder andere tragen feine, fast durchscheinende Schals. Von dieser Art ist das Tuch der Nachbarin, das ihr Haar noch vollständig bedeckt – im Laufe unserer Fahrt wird sich das Tuch lösen, so dass ich die kleinen Zöpfchen sehen werde, die sie darunter trägt. Sie wird sich das Tuch ein-, zweimal zurechtzupfen, es irgendwann aber aufgeben. Jetzt drückt sie jedenfalls erst einige Male kräftig auf die Hupe und dann geht es los: Ich fahre mit einer wild hupenden Muslima im Autokorso durch Dakar und kann mich kaum darüber wundern, weil alle so laut durcheinander brüllen. Also brülle ich einfach mit.

Senegal a gagné! Senegal a gagné! Senegal a gagné!

Wobei wir zunächst kaum fahren, sondern die meiste Zeit hinter anderen Autos stehen, bestenfalls in Zentimeterschritten vorwärts schleichen, weil die Straße verstopft ist von Autos und Fußgängern, die sich mit Khady und Farih an den offenen Fenstern abklatschen und sich gegenseitig noch einmal auf den neuesten Stand bringen: *Senegal a gagné!* Dabei sind alle vertreten: Junge Frauen in Jersey-Kleidern oder auch in Jeans und T-Shirts, ältere Frauen, in langen Kleidern mit schmalen Röcken, bei denen ich mich ständig frage, wie man in solchen Kleidern seinen Alltag meistern kann. Männer in Boubous oder ebenfalls in Jeans und T-Shirt oder Hemd. Auf der Gegenspur stehen die Autos ebenfalls und Ami, die Nachbarin, tanzt mit dem Fahrer des Autos gegenüber, sie schütteln die Schultern, wiegen den Kopf, schwingen die Arme, soweit das am Steuer eines Autos möglich ist. Im Kreisverkehr vor dem *Monument* führen ein paar Schauspieler eine Performance auf, ein Stück weiter sitzen Trommler und feiern den Sieg auf ihre Weise.

Allein für die eineinhalb Kilometer durch das Viertel Ouakam brauchen wir schätzungsweise vierzig Minuten. Alle feiern, als seien sie gerade mindestens Weltmeister geworden und ganz kurz beschleicht mich der Gedanke: Gut, dass sie heute feiern, denn wer weiß, ob sie am Sonntag nach dem Endspiel dafür noch einen Grund haben werden. Natürlich behalte ich diesen Gedanken für mich – mir würde sowieso niemand zuhören. Gleichzeitig frage ich mich, wie es hier wohl aussehen wird, wenn der Senegal das Endspiel am Sonntag tatsächlich gewinnen sollte. Ich würde das gern erleben.

Endlich biegen wir auf die Corniche ein und können etwas schneller fahren, zusammen mit Autos, deren Insassen in den heruntergekurbelten Fenstern sitzen, Fahnen schwingen und singen, wie auch das Dutzend Passagiere auf der Ladefläche eines Pick-ups. Am *Place des Souvenirs* werden wir erneut von einer Menschenmenge aufgehalten, die auf der Straße einen Tanz aufführt und uns erst nach langen Minuten passieren lässt. Weiter geht es, nach Yoff, wo die Menschenmengen allmählich kleiner werden und sich verteilen, dort sitzen die Fans noch vor den kleinen Boutiquen und Dibiterien, winken und lachen und wiederholen die Nachricht des Tages: *Senegal a gagné*. Nur ein paar Männer sind unbeeindruckt – Kongolesen vielleicht oder Guineer, von denen hier viele leben, und deren Mannschaften schon längst ausgeschieden sind.

Nach etwa eineinhalb Stunden im Auto wird es stiller. Bilal ist inzwischen auf meinem Schoß eingeschlafen, Momo ist zu seiner Mutter auf den Beifahrersitz geklettert und winkt nur noch manchmal mit seinem Fähnchen. Auch in den Straßen ist es stiller, hier und da drängen sich noch ein paar Menschen zusammen, aber die allermeisten sind inzwischen nach Hause gegangen. Morgen ist Donnerstag – man muss die Kinder in die Schule schicken und zur Arbeit gehen. Wir liefern Khadys Nichte zu Hause ab und tragen schließlich die inzwischen eingeschlafenen Kinder nach oben. Das war er also, der erste Autokorso meines Lebens. Für manche Erfahrungen muss man eben tausende Kilometer weit reisen.

Als ich in mein Zimmer zurückkehre, bin ich überrascht: Dakar ist still, ohne die sonst üblichen nächtlichen Geräusche. Kein Kind schreit nach seiner Mutter, kein Paar streitet, keine Autos hupen. Selbst die sonst stets meckernden Ziegen schweigen. Nirgends prasselt Wasser in ein großes leeres Gefäß, weil jemand seinen Wasservorrat für den nächsten Tag auffüllt. Und es gibt hier keine Gruppe von Leuten, die ihre Freude mit noch einem Bier und noch einem verlängert und dabei immer lauter wird. Hier wird wenig Alkohol getrunken und wenn, dann jedenfalls nicht in der Öffentlichkeit. Vielleicht ist mir auch deswegen der hiesige Jubel so viel sympathischer. Und schließlich scheinen die *Dakaroises* daran zu denken, dass dies erst das Halbfinale war. Das Wichtigste kommt noch.

Am nächsten Tag ist Khady heiser, wie auch der Muezzin, der mit seinen Gebetsrufen den hiesigen Tag strukturiert. Flüsternd kündigt Khady an, für sich und die Kinder fürs Finale Fan-Shirts zu beschaffen. Sie findet, ich sollte mir auch wenigstens ein Fähnchen besorgen. Ich will sehen, was ich tun kann. Schließlich muss ich erst einmal wieder zu Geld kommen.

P.S. Sonntagabend. Khadim hat seine Schulden bei mir beglichen und einer der drei Automaten hat inzwischen tatsächlich Geld ausgespuckt. Meine Schuhe sind repariert und meine Wäsche ist gewaschen, getrocknet und gefaltet. Ein Fähnchen habe ich nicht, aber es gibt davon genug, an diesem Abend in Dakar, an dem Sadio Mané den entscheidenden Elfer verwandelt und der Senegal zum ersten Mal den *Coupe d'afrique des nations* gewinnt. Aber das ist eine andere Geschichte.

Letzte Tage in Dakar
März 2022

Nun sind sie fast um, meine drei Monate im Senegal. Für den Abschluss meines Aufenthaltes verordne ich mir ein paar touristische Highlights – so die Insel *La Gorée*, auf der ich beinahe den deutschen Präsidenten treffe. Schon auf der Taxifahrt zum Hafen gibt es am Präsidentenpalast eine Umleitung und ich bin überrascht, als der Taxifahrer auf meine Frage antwortet: »Der deutsche Präsident ist da.« Die Bestätigung bekomme ich am Hafen, an dem ein Aushang der Schifffahrtsgesellschaft seine geschätzten Klienten um Verständnis dafür bittet, dass die Überfahrten zur Insel heute etwas gestört sind, weil *Son Excellence, Monsieur Frank-Walter, President de la Republique Federale d'Allemagne* der Insel einen Besuch abstattet. Steinmeier ist wirklich ein komplizierter Name.

Die Insel *La Gorée* ist ziemlich berühmt, auch Barack Obama und Papst Johannes Paul II waren schon dort – denn es ist einer dieser Orte in Afrika, von denen aus in früheren Jahrhunderten Sklaven verschifft wurden. Das frühere Sklavenhaus ist heute ein Museum und die Insel ist – zumindest unter der Woche – ein beschaulicher Ort, der mit seinen bunten Häusern fast italienisch anmutet. Die Händlerinnen für Kleidung und Schmuck sind hier – im Gegensatz zu den sonstigen in Dakar – durchaus etwas aufdringlicher. Nachdem mir eine fünf Minuten lang Kleider und Stoffe zeigte, die mich nicht überzeugten, fragte sie mich, ob ich wirklich *Madame-prends-rien* (Frau-nimmt-nichts) sein möchte. Ja, wollte ich, zumindest bei ihr, denn nichts gefiel mir. Ich habe auf der Insel aber Kleider und Tücher gekauft, fast rauschhaft nach Farben gegriffen, denn ich weiß schon jetzt, dass ich die in Berlin vermissen werde. Gut möglich, dass ich dort kein einziges der Kleider werde tragen können, ich sehe schon jetzt die skeptischen Gesichter meiner Freunde vor mir, weil die Kleider vielleicht ein bisschen zu bunt sind. Und doch schien es mir dort auf der Insel unerlässlich, etwas von hier mit nach Hause zu nehmen und die Farben sind zumindest ein äußeres Zeichen der hier allgegenwärtigen Lebensfreude.

Denn die hat mir die Tage in Dakar immer wieder versöhnt, wenn ich mich angesichts des ständigen und nie abreißenden Lärms und ewig komplizierter Dinge des Alltags gefragt habe, wie man hier arbeiten kann. Wäsche, Transport, Strom, Müll, jedes dieser in Deutschland selbstverständlichen Alltagsnotwendigkeiten braucht hier viel Zeit. Das hier zu erklären, würde den Rahmen sprengen, aber ich verspreche, ich werde davon irgendwann mehr erzählen. Aber wie schreibt eine großartige Schriftstellerin wie Aminata Sow Fall hier Bücher? Ich verstehe es noch immer nicht, doch ich habe es versucht. Ich habe tagsüber mit Ohropax am Schreibtisch gesessen, um den Lärm der Baustelle über mir auszublenden, ich habe die Pausen der Bauarbeiter genutzt. Ich bin an den Strand gegangen, bin in ruhigere Landesteile geflüchtet. Und zwischendurch habe ich fassungslos in die Abgründe von Beziehungen geschaut, in einem Land, in dem gesagt wird, Frauen seien Königinnen. Doch ihre Rollen sind festgelegt: Ihre Bestimmung ist Heiraten und Kinderkriegen. Ich habe gesehen, was das mit ihnen macht; was es bedeutet, an jedem einzelnen Tag den Alltag aufrechtzuerhalten, für sich, die Kinder und die häufig abwesenden Männer. Und trotzdem habe ich nur einen winzigen Ausschnitt gesehen. Ich habe die Zähne zusammengebissen und geschrieben, in der Hoffnung, dass es mir gelingt, etwas von alledem für europäische Leser zu »übersetzen«. Denn das war der Grund für meinen langen Aufenthalt hier: Recherche. Manchmal habe ich mich allerdings gefragt, ob ich es wirklich so genau wissen wollte.

Doch es gab auch den Tag, an dem der Senegal den *Coupe d'afrique des nations* gewonnen hat, die *Dakaroises* die halbe Nacht lang auf den Straßen tanzten und ich gar nicht umhin kam, mich mit ihnen zu freuen und Fan von Sadio Mané zu werden, der den entscheidenden Elfer für den Senegal verwandelte. Vor allem aber investiert er einen großen Teil des Geldes, das er als Profi in Liverpool verdient, in seiner Heimatregion für Schulen, ein Krankenhaus, ein Stadion und unterstützt arme Familien mit einem monatlichen Betrag. Er hat seine Kindheit nicht vergessen, in der er hungerte und auf dem Feld arbeiten musste. Er hat einen weiten, steinigen Weg zurückgelegt, um heute als Fußballer viel Geld zu verdienen und findet, dass dies in seiner Heimat besser angelegt ist als in einem Fuhrpark mit mehreren Luxuskarossen. Allein dafür wäre ich schon Fan von ihm geworden.

Es gab die Momente der Freude und Erleichterung, wenn mir jemand half, ein Problem zu lösen, wie der *Guardien* des Hauses, als ich allein zu Hause war und meine Gastgeber nicht genug Strom auf Vorrat eingekauft hatten. Ich tappte verzweifelt im Dunklen und er redete beruhigend auf mich ein – *On est ensemble* – bis das Problem gelöst war. Es gab die Momente, in denen ein Bauarbeiter eine Flasche Wasser für mich bezahlte, weil der Verkäufer in der Boutique an der Ecke meinen großen Geldschein nicht wechseln konnte. Es gab die Momente, in denen mir Frauen oder Männer auf der Straße Komplimente für mein schönes Kleid machten (ja, genau, für eines von denen, die ich in Berlin nicht werde tragen können).

Im Grunde weiß ich noch immer nicht, wie das Leben hier funktioniert. Aber ich weiß, dass meine Laune hier schneller wieder besser wird, wenn ich einen Anfall von Depression bekomme. Dass die Verzweiflung hier flüchtiger ist. Dass ich mich häufiger freue als zu Hause.

Während ich dies schreibe, ist in Europa ein Krieg ausgebrochen. Es scheint, dass ich einen Vorrat an Freude für meine Rückkehr gut gebrauchen kann.

Trinkwasser statt Bier: Warum die Schließung meiner Lieblingsstrandbar für Dakar eine gute Nachricht ist

Dezember 2022

In Dakar hatte ich im letzten Winter eine perfekte Lieblingskneipe: Wann immer ich müde von meiner Arbeit am Schreibtisch war und etwas anderes sehen wollte als meinen Laptop, machte ich mich auf den Weg an den Strand Les Mamelles. Nur etwa eine Viertelstunde zu Fuß von meinem Quartier entfernt, lagen dort drei Strandbars nebeneinander, von denen ich eher zufällig gleich am Anfang die mittlere für mein Feierabendbier mit Blick auf den Atlantischen Ozean auswählte, weil mir die erste inzwischen zu fancy war.

In früheren Jahren hatte auch sie nur aus einigen zusammengewürfelten Tischen, Bänken und Sonnenschirmen bestanden; jetzt war sie größer, hatte farblich zueinander passende Sitzkissen und Sonnenschirme, eine Spielecke für Kinder, dekorative Pflanzen und eine Terrasse auf der neu entstandenen zweiten Etage. Sie war zu einem beliebten Treffpunkt für europäische Touristen geworden, während ich lieber die Orte der Einheimischen aufsuche. Also wählte ich die zweite Bar, die etwa so war wie die erste vor ein paar Jahren: Alles schien provisorisch, kein Stuhl glich dem anderen, der eine oder andere Sonnenschirm hatte einen Riss, aber wenn man sie gut stellte, hielten sie trotzdem die Sonne ab. Der Wirt brachte mir ein Bier und verschwand dann erst einmal, so dass ich ratlos länger blieb als geplant, schließlich wollte ich nicht die Zeche prellen. Bei seiner Rückkehr kassierte er mit einem entschuldigenden Lächeln, das meine Irritation wettmachte. Wann immer ich wiederkam, suchte der Wirt mir einen guten Platz aus, fragte nur noch der Form halber, ob ich Bier möchte – natürlich wollte ich Bier – und merkte sich bald, dass ich meinen Fisch mit Pommes aß und nicht mit Reis, der hier üblicherweise zu jedem Essen serviert wird. Ansonsten ließ er mich in Ruhe lesen, schreiben oder einfach aufs Meer schauen, während er ständig damit beschäftigt war, seine Bar zu verschönern: einen neuen Tresen zu bauen, den Zaun zu streichen, Tische und Stühle zu reparieren. Nach wenigen Besuchen war ich mir auch sicher, dass ich mir keine Sorgen um meine Tasche mit Smartphone, Geld und Schlüssel machen musste, wenn ich zur Abkühlung ins Meer hüpfte. Kurz: Es war der perfekte Ort, auch und vor allem, weil ich ihn zu Fuß erreichte.

Als ich in diesem Jahr zurückkomme, führt mich mein Weg deshalb an meinem zweiten Tag in Richtung Strand. Doch dort, wo ich im letzten Jahr einen ersten Blick aufs Meer erhaschen konnte und von der großen Straße auf den unbefestigten Weg zum Meer abbog, steht jetzt ein Zaun und Männer, die diesen bewachen. Dahinter: Bagger und LKW.

Aber ich kenne ja noch den zweiten Weg, weniger schön, aber zielführend. Er führt vorbei an diversen Händlern: Kleider, bei denen ich immer überlegte, welche zu kaufen, weil ich die hiesigen Farben mag und es dann doch so gut wie nie tue, weil ich immer daran denke, dass ich die Kleider in Berlin nicht werde tragen können, Kunst und – das habe ich mir erzählen lassen – Marihuana. Die Kleiderhändler sind verschwunden, übriggeblieben sind nur eine der Hütten, in denen Kunst verkauft wurde, und eine Handvoll eher zwielichtiger Gestalten. Ich murmele kaum hörbar eine Antwort auf ihr »Ca va?« und beschleunige meinen Schritt. Endlich erreiche ich die schmale Betontreppe, über die man ebenfalls an den Strand kommt. Der ist tatsächlich nicht gesperrt und eine Minute später richte ich meinen Blick dorthin, wo ich im letzten Jahr mein Bier getrunken habe. Auch dort sperrt jetzt ein Bauzaun den Weg. Davor stehen ein paar vergessene Sonnenschirme auf einem freien Streifen Strand, auf dem sich ein paar Bauarbeiter und eine Handvoll Spaziergänger verteilen. Es sieht noch trauriger aus als vor zweieinhalb Jahren, am Anfang der Corona-Pandemie, als alle Bars und Restaurants in Dakar geschlossen waren und sich nur wenige Dakaroises an den Strand verirrten. Niemand wusste damals, was dieses Corona eigentlich ist, die Vorhersagen für Afrika waren verheerend und die Menschen vorsichtig.

Ich beschließe einen Abschiedsspaziergang bis zu dem Felsen, der das Ende des Strands markiert. Auf das »Ca va?« der Bauarbeiter antworte ich deutlich freundlicher als auf das der zwielichtigen Gestalten auf dem Weg und richte an einen von ihnen die Frage: »Was passiert hier?«

»Hier wird eine Fabrik für Wasser gebaut. Aus Meerwasser wird Trinkwasser.« Er begleitet seine Worte mit einer entsprechenden Trinkgeste und klingt durchaus stolz.

»Das ist gut. Aber ich vermisse meine Lieblingsstrandbar. Die war genau dort.« Ich zeige auf die Fläche hinter dem Bauzaun.

»Hier waren einige Bars. Die Regierung hat den Besitzern viel Geld dafür bezahlt, dass sie gegangen sind.«

»Hat sie das?«

Er nickt bekräftigend.

Immerhin. Ich denke an meinen Wirt vom letzten Jahr, dessen Namen ich nie erfahren habe und frage mich, was er wohl mit dem Geld gemacht hat. Falls er überhaupt ein offizieller Besitzer seiner Bar war.

»Aber meine Lieblingsbar ...«, sage ich gespielt verzweifelt.

Der Bauarbeiter und ich nicken uns zum Abschied zu mit einer Geste, die sagt: »Da kann man nichts machen.«

Mit den Füßen im Meer absolviere ich meinen Abschiedsspaziergang und gehe zurück zu meinem Quartier. Dort befrage ich Google und finde sogar auf Deutsch eine Meldung über die Entsalzungsanlage, die am Strand Les Mamelles in Dakar gebaut wird. Nicht nur Trinkwasser soll es geben, sondern überhaupt ein besseres Wassermanagement für Dakar. Das ist natürlich ein Grund zur Freude. Denn unvergessen ist mir, wie Khady in ihrer früheren Wohnung im dritten Stock allabendlich ein halbes Dutzend 10-Liter-Wasserflaschen für den nächsten Tag füllte, weil der Wasserdruck tagsüber so schwach war, dass nur wenig aus dem Wasserhahn tröpfelte. In der neuen Wohnung gibt es das Problem nicht mehr, es gibt sogar einen Boiler, der die Wohnung mit warmem Wasser versorgt. Bis dahin hieß warm duschen, dass man sich einen Kessel mit Wasser erhitzte, dieses in einer Wanne mit kaltem Wasser zu einer angenehmen Temperatur brachte und wieder und wieder mit einem kleinen Topf über den Körper schüttete. Was ich nur selten tat, bei durchschnittlich 30 Grad Außentemperatur tat eine kalte Dusche es meist auch.

»Warme Dusche«, sagte ich damals zu Khady, »das ist doch gar nicht Afrika.« Hinterher war mir meine Bemerkung peinlich, schließlich steht mir kein Urteil darüber zu, was Afrika ist. Sie lachte. »Bald kommt der Winter und ich habe zwei kleine Kinder.« Winter bedeutet hier, dass statt 30 Grad nur noch 23 herrschen. In etwa. Die Dakaroises tragen dann Mützen.

Der Boiler nützte uns aber auch nichts, als wir mal drei Tage überhaupt kein Wasser hatten, weil es irgendwo eine Havarie gab. In absehbarer Zeit soll es das alles also nicht mehr geben. Und das ist natürlich eine gute Nachricht.

Aber wo finde ich jetzt eine neue Strandbar?

Wenn Opa vom Krieg erzählt: Heiligabend in drei Akten

Dezember 2022

Erster Akt – Helden im Sand

»Merde!«, sagt Christine und »C'est pas vrai!«

Doch es ist wahr, das Auto hat sich im Sand festgefahren. Christine, die Besitzerin der Lodge, auf der ich die letzte Woche verbracht habe, steigt aus und identifiziert das hintere rechte Rad als das, das sich im Sand eingegraben hat. Jeder Versuch, das Auto aus dem Sand zu bekommen, führt nur dazu, dass es sich tiefer eingräbt. Eine Weile versuchen wir, es freizuschaufeln, legen Holzstücke zur Stabilisierung davor. Doch es bleibt dabei, wir kommen nicht weiter und Christine ruft einen Freund in Miserah an, ob er jemanden vorbeischicken kann, um uns zu helfen. In Miserah waren wir vor etwa 20 Minuten aufgebrochen. Nach Carange, der Grenzstadt nach Gambia. Von dort aus will ich mit einem Sept-Places, einem Sammeltaxi, nach Dakar fahren.

Wir suchen uns einen Platz unter einem Baum, dort wo kein Gestrüpp ist, setzen uns im Schneidersitz in den Sand und lauschen den Vögeln. Geduld ist in Afrika eine nützliche, ja lebensnotwendige Tugend. Ich übe mich bei jedem meiner Besuche aufs Neue darin und habe das Gefühl, immer besser darin zu werden.

»Immerhin gibt es hier keine Löwen oder andere Tiere, die wir fürchten müssen«, sage ich, um Christine von ihrem Ärger über sich selbst abzulenken. Warum nur hat sie heute die falsche Abfahrt für die Abkürzung genommen? Sie lebt seit acht Jahren im Senegal und hat vor kurzem beschlossen, nach Frankreich zurückzukehren. Ihr Reservoir an Geduld ist gerade ziemlich aufgebraucht.

Es ist der 24. Dezember, in Deutschland werden Weihnachtsbäume geschmückt und Festessen vorbereitet. Und ich sitze irgendwo in Afrika und warte darauf, dass jemand kommt und uns aus dem Sand befreit. Mein Festessen soll bei Freunden in Dakar stattfinden und ich hatte gehofft, gegen 15 oder 16 Uhr dort zu sein. Ich schicke noch keine Nachricht, denn ich kann nicht absehen, wann ich weiterkomme.

Nach einer knappen Stunde hören wir das Knattern von Motorrollern und endlich sind sie da: unsere Retter. Drei junge Männer, zwischen vielleicht 17 und 25. Ohne Geräte, ohne Abschleppseil. Ich könnte denken, dass das sicher nicht hilfreich ist, wie auch die Tatsache, dass sie offenbar nicht wirklich Französisch sprechen, während weder Christine noch ich Wolof sprechen. Aber für pessimistische Gedanken habe ich keine Zeit. Einer der drei von ihnen drückt mir sein Smartphone und das seines Kumpels in die Hand, bevor sie sich auf die Knie begeben und zu graben beginnen. Der Dritte macht sich inzwischen im Gestrüpp auf die Suche nach nützlichem Holz. Endlich startet Christine einen neuen Versuch. Während sie versucht, anzufahren, schieben und heben die Männer das Auto – vergeblich. Es stellt sich heraus, dass irgendein Teil unter dem Auto sich inzwischen ebenfalls in den Sand gegraben hat und freigeschaufelt werden muss. – Es braucht noch zwei weitere Versuche, dann klappt es. Das Auto schiebt sich ein paar Meter vorwärts, ehe es erneut im Sand steckenbleibt.

»Ca roule, ca roule«, jubeln die Männer und machen sich begeistert daran, es noch einmal auszugraben. Ich schaue auf die Piste, bis zu einem festeren Untergrund sind es gut einhundert Meter. Wann werden wir dort ankommen, wenn sich das Auto alle zehn Meter wieder festfährt?

Auch Optimismus ist in Afrika eine wichtige Tugend. Auch darin übe ich mich in Afrika, also sage ich zu Christine: »Ca va aller.« Es wird gehen. Und sie fügt das hier übliche »Inshallah« hinzu.

Der älteste der drei Jungen gibt Christine in einer Mischung aus Wolof, Handzeichen und Französisch Tipps, wie sie das Auto jetzt weiter als zehn Meter bewegen kann und nachdem das nicht recht klappt und das Auto zum dritten Mal ausgegraben werden muss, übernimmt er selbst das Steuer und fährt sicher bis ans Ende der Sandpiste. Wir anderen laufen ihm nach, die jungen Männer schweißüberströmt, aber lachend und immer wieder den hochgereckten Daumen zeigend: »Ca roule, ca roule!«

»Ihr seid meine Helden«, sage ich und frage Christine, wie viel Geld ich ihnen geben soll, doch sie hat das schon erledigt. Erleichtert fahren wir weiter und erreichen kurz darauf Carange.

Zweiter Akt – Verfolgungsjagd durch Dakar

Immerhin ist es noch nicht 13 Uhr, als ich mich durch das alltägliche Gewühl – Händlerinnen, Reisende, Männer, die Geld tauschen wollen oder mich überreden, mit ihrem Auto oder Bus zu fahren – am *Gare Routiere* zu einem Auto durchfrage, das nach Dakar fährt. Ich bin die letzte Mitreisende für dieses Auto, was bedeutet, dass ich nur noch einen Platz in der Mitte bekomme. Ich könnte das nächste Auto nehmen, um mir einen Fensterplatz zu sichern, aber dann müsste ich warten, bis sich dafür genügend Mitfahrer gefunden haben. Glücklicherweise gibt es seit etwa einem Jahr eine Abkürzung: eine Brücke im Saloum-Delta. Seitdem sind es nur noch knapp vier Stunden bis Dakar, nicht wie früher gut fünf, je nachdem, wie man durch die Stadt Kaolack durchkam, die man heute umfährt. Vier Stunden werde ich auf dem Mittelplatz schon irgendwie überstehen. Hätte ich gewusst, dass der Fahrer aus mir unbekannten Gründen heute doch durch Kaolack fährt, hätte ich es mir vielleicht doch noch anders überlegt. Vor allem aber, wenn ich gewusst hätte, dass die Sitzbank einen Absatz hat. So sitze ich buchstäblich auf einer Arschbacke, bis ich das Tuch, das ich um den Hals habe, unter die andere stopfe, was zumindest etwas Ausgleich schafft.

Es ist Heiligabend, in Deutschland sitzt man unterm Weihnachtsbaum, während ich mich in afrikanischen Tugenden übe. Geduld. Optimismus. Demut. Noch drei Stunden bis Dakar. Noch zwei. Der Fahrer hat einen gewöhnungsbedürftigen Fahrstil, seine Überholmanöver sind gewagt, insbesondere, weil ihm zwischendurch immer wieder der vierte Gang rausspringt. Ich sage mir, dass er schon umsichtig genug sein wird, um am Abend bei seiner Familie zu sein und schließe die Augen. Meine Mitfahrer schlafen ebenfalls, manchmal telefoniert einer oder es entspinnt sich ein kurzer Dialog, aber im Grunde werden diese Fahrten schweigend absolviert – was mich beim ersten Mal überrascht hat, in diesem Land, in dem eigentlich immer und überall kurze Gespräche entstehen: an der Supermarktkasse, auf dem Markt, auf der Straße. Inzwischen sorge ich dafür, dass ich immer ein Hörbuch dabeihabe. Ich lausche Ulrich Nöthens Stimme, blende den Fahrstil des Chauffeurs aus und registriere zwischendurch stoisch die Tatsache, dass wir durch Kaolack fahren, obwohl damit klar ist, dass wir mindestens eine Stunde länger unterwegs sein werden. Schreibe Khady eine Nachricht, dass ich nicht vor

19 Uhr bei ihr sein werde. Eine optimistische Schätzung für den Rest meiner Reise. Geduld, Optimismus, Demut.

Endlich sind wir in Dakar, ein Ende der Tortur ist absehbar. An der letzten Autobahnmaut-Station richte ich noch einmal das Tuch, auf dem ich zur Hälfte sitze. Fahrzeuge drängen sich vor den zwei (von acht) geöffneten Schaltern. Unser Fahrer fährt außen um die Traube, drängelt sich vorn zwischen die anderen Autos und wechselt dann noch einmal zwischen beiden Schlangen. Als er endlich vor der Schranke steht, positioniert sich ein Gendarm vor uns, gibt der Frau am Schalter ein Zeichen, die Schranke nicht zu öffnen und redet auf den Fahrer ein. Der zeigt sich offenbar wenig einsichtig und blökt zurück.

Ich bringe Ulrich Nöthen zum Schweigen und verfolge – wie meine Mitfahrer – angespannt die Diskussion, von der ich nichts verstehe, weil sie auf Wolof geführt wird. Doch Gesten und Tonfall sprechen auch eine Sprache. Eine Handbewegung des Gendarmen weist auf den Straßenrand hinter der Schranke, dort soll sich unser Fahrer einfinden, um einen Strafzettel zu kassieren. Oder ein Schmiergeld zu bezahlen, so genau weiß man das in diesem Land nicht immer.

Als die Schranke freigegeben wird, fährt unser Chauffeur jedoch nicht brav an die Seite, sondern drückt aufs Tempo, rast in Richtung Dakar und schaut jetzt mehr in den Rückspiegel als auf die Straße. Er überholt erratisch, drängelt sich in jede noch so kleine Lücke. Ich sage mir noch einmal, dass er umsichtig genug fahren wird, um den Abend bei seiner Familie zu verbringen. Überzeugend finde ich das nicht mehr.

Vor unserer Abfahrt nach Dakar staut sich der Verkehr. Wieder fährt unser Fahrer außen an allen vorbei, um sich ganz vorn in die Schlange zu drängen. Auf dem Bürgersteig kommen uns die Straßenhändler mit Erdnüssen, Mandarinen, Taschentüchern entgegen. Als sie wegrennen, ist klar, dass der Polizist von eben offenbar ebenfalls im Stau aufgetaucht ist. Kurzes Ausweichen auf den Bürgersteig, Beschleunigung, erneutes Drängeln. Dann geht nichts mehr. Der junge, sportliche Gendarm schlängelt sich zu Fuß durch den Stau, klopft auf die Windschutzscheibe. Unschwer zu erraten, was er sagt.

Ich bin erleichtert, zwar wird mich das noch mehr Zeit kosten, aber nach einem Strafzettel wird der Fahrer doch sicher angemessenen Tempos weiterfahren. Denke ich, als dieser neben uns eine Lücke findet, irgendwie durch den zugestauten Kreisverkehr kommt und rasant die nächste Straße entlangbrettert. Hupend umkurvt er mehrfach nur knapp unschuldige Fußgänger. Einer meiner Mitfahrer bringt ein »Doucement, doucement« heraus, während wir anderen starr auf unseren Plätzen hocken.

Endlich erreichen wir den *Gare Routiere*. Der Fahrer sucht sich einen Platz zwischen zwei großen Bussen, geschützt vor eventuell suchenden Blicken. Wir stolpern hastig aus dem Auto, warten, bis unser Gepäck ausgeladen ist und der Fahrer mit quietschenden Reifen davonrast. Uns sprachlos ansehend nehmen wir schließlich unsere Koffer und Rucksäcke und nicken uns müde zu, ehe jeder seines Weges geht.

Ich mache mich auf die Suche nach einem Taxi. Erschöpft und mich nur mühsam an mein Mantra erinnernd: Geduld, Optimismus, Demut. In der untergehenden Sonne trage ich meinen Rucksack vorbei an Männern, die mir etwas verkaufen wollen oder in meine Richtung etwas auf Wolof schimpfen, wovon ich nur »Toubab« – Weiße – verstehe. Es klingt nicht freundlich, aber vielleicht hatte ich heute nur eine Überdosis Afrika.

Endlich entdecke ich den Taxistand und werde schnell angesprochen, für 8.000 CFA, etwa 12 €, könnte ich einen Restplatz in einem Sammeltaxi nach Ouakam bekommen. Einen kurzen Moment bin ich nicht müde, sondern empört: »C'est trop!«

Auf der Hinfahrt hatte ich ein privates Taxi, in dem ich allein war und habe 5.000 bezahlt. Außerdem bin ich sicher, dass die Senegalesen nicht einmal die Hälfte dessen zahlen. Ich schüttle den Kopf, lasse die Klage des Fahrers »Benzin und überhaupt« an mir abperlen.

»5.000 Maximum«, sage ich und drehe mich um, um ein anderes Taxi zu suchen.

»Eh!«, ruft er mir hinterher. »Eh« gilt hier nicht als unhöflich, sondern normal. »Eh!«

Ich schaue zurück und er zeigt auf sein Taxi. Die 5.000 sind akzeptiert. Ich hätte es mit 4.000 versuchen sollen. Zu spät. Mein Rucksack ist schon von meinem Rücken in die Hand des Fahrers und den Kofferraum gewechselt.

Da ich wieder die letzte war, die ihren Platz gebucht hat, bekomme ich erneut den Mittelplatz. Ich bin einfach nur noch müde, zu müde für Ulrich Nöthen, zu müde für das Gespräch, das der Fahrer mit seinem Gast auf dem Beifahrersitz führt, auf Wolof, aber ich verstehe Zahlen und Firmennamen wie Orange, was der hiesige Anbieter für Mobilfunk und mobiles Bezahlen ist. Vermutlich ist das Gespräch eine lange Litanei über Preise. Könnte er doch einfach den Mund halten.

Geduld, Optimismus, Demut.

Natürlich stehen wir wieder mehrfach im Stau, Heiligabend ist in einem muslimischen Land kein Straßenfeger – im Gegenteil. Zweimal fahren wir an großen Menschenansammlungen vorbei, alle sind festlich gekleidet, lachen miteinander, reden wild gestikulierend. So sind Familienzusammenkünfte hier: Große Runden, festliche Kleidung in satten Farben; es wird gegessen, gelacht, sich beklagt.

Einen kurzen Moment lang scheint mir ein Wohnzimmer mit Weihnachtsbaum in winterlicher heiliger Nacht sehr reizvoll.

Dritter Akt – Les Allemagnes très forts

Kurz vor 20 Uhr schließe ich endlich die Wohnungstür in Ouakam auf. Es riecht nach Braten, fünf Kinder sitzen in der Eingangshalle auf Sofa und Sessel und spielen friedlich Handyspiele. Es sind die beiden Kinder von Khady und Khadim, bei denen ich mich für meine senegalesischen Wochen eingemietet habe, sowie zwei Nichten und ein Neffe. Khady sieht müde aus, später wird sie mir erzählen, dass sie krank war und es deswegen nicht einmal geschafft hat, kleine Geschenke für die Kinder zu kaufen – die dies aber vollkommen ruhig hinnehmen, offenbar hatten sie nichts erwartet. Weihnachten hat hier keine Tradition, ich erinnere mich, dass die Kinder sich im letzten Jahr riesig gefreut hatten über eine Puppe, ein Spielzeugschwert und ähnliche Kleinigkeiten. Erwartet hatten sie nichts.

Der Braten ist noch im Ofen, das gibt mir Gelegenheit für eine schnelle Dusche. Eine halbe Stunde später finde ich mich, nun in halbwegs festlichem Kleid, im Salon wieder, mit einem Teller Huhn und Lamm, Kartoffelsalat und Fritten. Letztere sind hier durchaus ein Festtagsessen, denn die alltägliche Speise ist hier Reis. Mir gegenüber sitzt Papy. Papy ist der Vater von Khadim und dreiundachtzig. Er kramt ein paar Brocken Deutsch hervor: »Guten Abend.« »Guten Appetit.« »Frau.«

Die Konversation bestreiten wir auf Französisch. Er erzählt mir, dass er von einem deutschen Pfarrer aus Bremen getauft wurde und als einer der wenigen Christen im Senegal lebt. Er stammt aus Togo und in seiner Heimatgemeinde gab es eine deutsche Gemeinde, was damals dort nicht unüblich war. Im Alter von 17 Jahren verließ er Togo und ging zur französischen Armee im Senegal, in der Hoffnung, hoher Offizier zu werden. Das habe aber nicht geklappt.

Wir sprechen auch über den Ukrainekrieg, er ist der Meinung, Putin hätte das nicht tun sollen. Ich bin erleichtert über diese klare Aussage, die hier nicht selbstverständlich ist. – Ich erinnere mich an die Tage nach Kriegsbeginn im Februar und die Gespräche, die ich damals in diesem Salon geführt habe. Khady fand Putin »cool« und ihr Mann Khadim hielt mir eine lange Rede, die damit endete, dass er sagte: »Schuld sind die Franzosen und die Amerikaner.«

Bei allem Entsetzen darüber verstand ich das als Ausdruck eines tiefsitzenden Misstrauens gegenüber dem »Westen«, das ich nicht entkräften konnte. Mantraartig wiederholte ich immer wieder nur: »Aber das alles ist kein Grund, in ein fremdes Land einzumarschieren und Menschen umzubringen.«

Als ich jetzt Anfang Dezember wieder in Dakar ankam, sprach Khady von Putin als »Putain«, was sich in etwa mit Scheißkerl oder Hurensohn übersetzen lässt. Damit hatte sich das Thema Ukrainekrieg erledigt, was ich verstehe; es gibt andere Kriege, die näher an Dakar liegen – nicht nur geografisch.

Jedenfalls bin ich erleichtert darüber, dass Papy sich so deutlich äußert. Vom aktuellen Krieg aus schlägt er sehr schnell die Brücke zum zweiten Weltkrieg. Die Deutschen seien ja sehr stark gewesen zu der Zeit.

»Ähm, nun ja, eher haben sie geglaubt, sie seien so stark«, wende ich vorsichtig ein und erhalte keine Antwort darauf, sondern stattdessen eine Lektion in Geschichte: »1945 ging der Krieg zu Ende und da ist Hitler mit 56 Jahren gestorben.«

Gestorben, nun ja … Ich wusste nicht, wie alt Hitler zu dieser Zeit war, es liegt auch völlig außerhalb meines Interesses. Etwas anderes wüsste ich aber gern. »Woher kommt in Afrika dieses große Interesse für den zweiten Weltkrieg und Hitler?«

»Es ist Geschichte und wird in der Schule lange behandelt.«

»Bei uns ist es natürlich auch ein Thema in der Schule. Aber ist es nicht wichtiger, sich mit der Zukunft zu beschäftigen?«

Kurz wiegt Papy den Kopf, als wäge er eine Antwort ab, entscheidet sich dann dagegen und erzählt stattdessen von dem riesigen U-Boot, das die Deutschen damals gehabt hätten. Sie seien eben sehr stark gewesen zu der Zeit. Alle technischen Entwicklungen hätten sie gehabt. »Très fort, très fort«, murmelt er und wird das im Laufe des Abends noch mehrfach wiederholen, egal, welches Ablenkungsmanöver ich versuche: Kinder, Vielehe, Christentum versus Islam, Senegal versus Togo.

Und schließlich versuche ich kein Ablenkungsmanöver mehr, sondern übe mich in Geduld, Optimismus und Demut, bis ich mich ins Bett verabschieden kann, ohne unhöflich zu wirken.

Weihnachten ist, wenn Opa vom Krieg erzählt.

SÜDAFRIKA

»Taxi Ma'am?« – Eine Kurzgeschichte
Oktober 2015

Maries Lächeln fühlt sich an wie eine Kastanienknospe im Frühjahr. Sie braucht nur noch etwas Sonne, dann wird sie sich öffnen und erstrahlen. Maries Sonne wartet hinter der automatischen Schiebetür. Ilanga. In seiner Sprache, Xhosa, bedeutet es Sonne. Marie hat ihn von Anfang an bei seinem afrikanischen Namen genannt. Andere Weiße rufen ihn bei seinem zweiten Vornamen: Mike. Sie greift nach ihrem Koffer und schreitet ihrer Sonne entgegen.

In chaotischen, dicht gedrängten Reihen hinter einem Absperrband steht das geballte Südafrika: fröhlich lärmende und bunt gekleidete schwarze Frauen und Kinder, schwarze Männer, die sich in Schale geworfen haben. Dezent in zweiter Reihe stehen weiße Touristenführer in praktischen Outfits. Es wird gewunken und gerufen, Schilder werden in die Höhe gereckt, irgendwo scheppert Cape-Jazz aus schlechten Lautsprechern. Während Marie dem durch die Absperrungen vorgegebenen Weg bis zum Ende folgt, scannt sie die Gesichter. Erst in der Mitte der Halle, wo die Empfangsreihen dünner werden und nur noch vereinzelte Wartende stehen, hält sic inne. Die Knospe des Lächelns ist erstarrt wie bei einem plötzlichen Kälteeinbruch. Ilanga ist nicht da. Stattdessen steuert ein junger Schwarzer mit einem Bürstenhaarschnitt und einer Narbe auf der Stirn auf sie zu. »Taxi, Ma'am?«

Sie schüttelt den Kopf. Ihr Taxi wird kommen – ein dreißig Jahre alter, silberfarbener Mercedes. Einmal hatte sie auf einer staubigen Landstraße zugesehen, wie Ilanga den Auspuff reparierte, der nur noch zum Teil mit dem Auto verbunden war. Vorbeifahrende hatten gehupt und ihm einen anerkennenden Daumen gezeigt. Es wurde nicht klar, ob der Daumen sich auf das Auto oder seine weiße Freundin bezog. Ilanga war stolz auf beides, was Marie amüsierte.

»See you tomorrow.« Sie saß schon im Flugzeug, da trug er gestern Abend seine Vorfreude noch einmal telefonisch zu ihr. Seit Wochen hat sie ihr Leben auf diesen Moment hin organisiert, das Wiedersehen nach acht Monaten.

Zehn Tage lang werden sie jede Minute zusammen sein. Ein junger weißer Mann umläuft sie und ihren Koffer mit einem missbilligenden Kopfschütteln. Marie murmelt ein unhörbares »Sorry«, schiebt ihren Koffer zu einer leeren Sitzreihe und bleibt stehen, umspült von Geschäftigkeit. Sicher wird Ilanga now-now hier sein, also irgendwann in den nächsten Stunden. In den letzten zwei Jahren hat Marie viel über afrikanische Zeit gelernt.

Seufzend holt sie ihr Telefon aus der Tasche, schaltet es ein und wartet auf die Verbindung zu einem südafrikanischen Netz, während sich vor ihr ein Paar in inniger Wiedersehensfreude umarmt. Sie reißt ihren Blick von dem Paar, als das »Pling« für eine eingegangene Nachricht ertönt. Ihr deutscher Telefonanbieter teilt ihr mit, zu welchem Preis sie von hier aus telefoniert. Sie wird diese Dienste nicht brauchen. Später wird sie eine Nachricht nach Hause schicken über ihre sichere Ankunft und dann wird sie das Telefon für zwei Wochen ausschalten. So wie Ilanga es oft tut. Er mag das Telefon nicht. Er lässt es zu Hause liegen oder vergisst, es aufzuladen oder einzuschalten. Sie versteht auch nach mehreren Besuchen nicht, wie er sein Leben ohne technische Errungenschaften organisiert.

Jemand mit einem Autoschlüssel in der Hand missdeutet ihren ratlosen Blick und kommt zuversichtlich auf sie zu. Sie schüttelt den Kopf, bevor er seine Frage ausspricht. »Taxi Ma'am?«

Gleichmütig nimmt er ihre Ablehnung auf, winkt einem Kollegen, der ebenfalls ohne Kundschaft geblieben ist. Die Männer rufen sich auf Afrikaans etwas zu, lachen und verlassen dann gemeinsam die Halle. Haben sie über Marie gelacht? Über eine Touristin in den Dreißigern, die ihren Urlaub offensichtlich falsch geplant hat? Auch der Bürstenhaarschnitt hat offensichtlich keinen Erfolg gehabt und nähert sich ihr erneut. »Taxi Ma'am?«

Sie faucht ihn an, er müsse sie nicht alle zwanzig Minuten fragen. Erschrocken über ihren Ausbruch schickt sie ein entschuldigendes Lächeln hinterher, aber er zuckt im Weggehen nur mit den Schultern.

Erst als die Fahrer und die letzten Reisenden sie allein zurücklassen, lässt sie sich auf den Stuhl fallen, müde vom Nachtflug und vom Warten. Für eine lange Minute starrt sie auf ihr Handy, als könnte sie es hypnotisieren. Aber das Telefon lässt sich von ihrem starren Blick nicht beeindrucken. Sie schließt die Augen, ruft sich Ilangas »See you tomorrow« in Erinnerung und hält sich an der Vorfreude in seiner Stimme fest.

Schritte nähern sich und Marie öffnet die Augen. Ein älterer Schwarzer mit grauen Schläfen mustert sie. »Taxi Ma'am?«

»No thanks.«

Immerhin hat sie ihre Höflichkeit wiedergefunden. Der Mann vergewissert sich, dass außer ihr kein potentieller Kunde mehr hier ist und verschwindet mit wiegendem Gang. Als hätte er alle Zeit der Welt. Was jetzt nicht passiert, geschieht eben später. So ist Ilanga auch. Wenn sie sich für abends um sieben zum Telefonieren verabreden und sie ihn bis neun Uhr nicht erreicht, bewegt er sich wahrscheinlich genauso durch sein Leben, während sie irritiert und zunehmend verzweifelt seine Nummer wählt. Wenn sie gegen zehn so weit ist, nie wieder mit ihm sprechen zu wollen, ruft er an und versteht nicht, warum sie ihm eine Szene macht. Wieder und wieder lässt sie sich von seiner Stimme besänftigen und umarmen: »Ich wünschte, wir könnten immer zusammen sein.«

Insgeheim aber fragt sie sich jedes Mal, wie lange sie seinen Umgang mit Zeit ertragen kann. Sie hat gebeten, geschrien, getobt, geweint, gefleht. Es hat nichts genutzt. Nach einer Szene gibt er sich zwei Wochen lang Mühe und ruft pünktlich an. Gerührt nimmt sie sich dann vor, gelassener zu werden. Ihr Vorsatz hält jedoch nie länger als seiner.

Die Stille in der Halle ist jetzt fast gespenstisch. Marie wagt nicht, ihren Platz zu verlassen. Was, wenn er genau in jenen Minuten kommt, sie nicht findet und wieder geht? Dann würden sie einander womöglich nie mehr finden. Sie springt auf und stampft wütend ein paar Schritte auf und ab. Sie ist jetzt in der Stimmung wie abends gegen zehn: Sie will ihn nie wieder sehen. Oder wenigstens will sie ihn anschreien und mit den Fäusten auf seine Brust trommeln. In Ermangelung dieser tritt sie gegen die festgeschraubte Bank, die ungerührt an ihrem Platz bleibt. Marie sinkt zurück auf den Stuhl. Was um alles in der Welt tut sie hier?

Eine Stunde später versucht sie – ohne große Hoffnung – ihn anzurufen. »Welcome to voicemail.« Den Rest der Ansage hört Marie nicht mehr, sie kennt sie auswendig. Seine Mailbox hört er natürlich auch selten ab. Manchmal versucht sie ihm zu erklären, wie praktisch moderne Geräte sind. Dann schaut er sie an, als würde sie etwas vom Mond erzählen. »Ihr Europäer seid gut organisiert.«

Nach zwei Stunden bekommt sie Gesellschaft. Rechtzeitig vor der Ankunft neuer Gäste drängen sich wieder Familien bunt und laut an der Absperrung. Eine Frau mit blondierten Zöpfchen in einem gelben Kleid mit großen braunen Punkten geht vor Marie auf und ab, ein Handy am Ohr. Laut redet sie in einer afrikanischen Sprache und gestikuliert mit einem Arm, um ihre Worte zu unterstreichen. Während Marie ihr zusieht, hört sie neben sich das unvermeidliche: »Taxi Ma'am?« und spürt ihren Kopf mit einem Nicken antworten. Sie hat nicht darüber nachgedacht, aber es fühlt sich richtig an. »Zum Bahnhof«, sagt sie, denn in Bahnhofsnähe gibt es Hotels. Zeit für Tränen ist später. Sie wird ausschlafen und morgen darüber nachdenken, was sie in Kapstadt ohne ihn tun wird. Als sie das Flughafengelände verlassen, kommt ihnen auf der gegen überliegenden Spur ein alter, silberfarbener Mercedes entgegen. Ohne Zweifel ist das Ilangas silberfarbener Mercedes und am Steuer sitzt er.

Ilanga. Die Sonne, die zu spät kommt.

Resümee oder: Meine beiden Leben

September 2023

Vor mehr als zehn Jahren bin ich zum ersten Mal nach Afrika aufgebrochen, weil ich erfahren wollte, wie die Menschen dort leben. Gefunden habe ich Freunde. Ein paar Antworten. Mehr Fragen. Verbundenheit mit Menschen und Landschaft. Ein zweites Zuhause. Eine andere Art, das Leben zu betrachten.

Ich wünschte, ich könnte an dieser Stelle in wenigen Sätzen zusammenfassen, warum mir Afrika inzwischen so sehr ans Herz gewachsen ist. Warum ich glaube, dass wir Europäer von unseren südlichen Nachbarn lernen können. Am besten in drei oder vier Bulletpoints verpackt. Doch ich kann Afrikas Fülle nicht auf ein paar Bulletpoints reduzieren. Deshalb schreibe ich seit Jahren davon in meinem Blog, deshalb habe ich die Texte für dieses Buch zusammengestellt. Sie erzählen von dem, was ich dort erlebe und was für mich diesen Kontinent ausmacht. Von Demut, Gelassenheit, Zuversicht, Vertrauen und Fröhlichkeit.

Während ich dies schreibe, denke ich an Adane, mit dem ich untypisch lange nicht gesprochen habe. Er hat mir auf eine Nachricht geantwortet, er würde gerade zwölf Stunden am Tag arbeiten. Dabei hat er noch vor wenigen Wochen mir gegenüber den Spruch zitiert, nachdem die Europäer die Uhren haben, die Afrikaner jedoch die Zeit. Ein Spruch, den ich noch nie mochte und nicht benutze. Auf Adane hat der Spruch in den vergangenen Jahren oft nicht gepasst.

Während ich dies schreibe und an Adane denke, bin ich in Amsterdam zu Gast bei einem meiner ältesten Freunde. Seit etwa dreißig Jahren nehmen wir uns immer wieder gemeinsame Tage, an denen wir über Gott und die Welt sprechen, Museen besuchen, am Meer spazieren, zusammen gut essen. Diese gemeinsamen Tage sprechen gegen die These davon, dass wir Europäer keine Zeit haben. Und die Tatsache, dass Adane mich wegen zu viel Arbeit nicht anruft, gegen jene, die Afrikaner hätten immer viel Zeit.

Und doch erlebe ich in Afrika immer wieder einen anderen Umgang mit Zeit. Die sechs Stunden Gespräch mit dem Angestellten der Tansanian Railway Company, während ich auf den Zug wartete, wären in Europa undenkbar. Ein Angestellter der hiesigen Bahn würde sich nicht so verhalten, würde mich nicht in sein Büro, seine Werkstatt bitten. Und ich hätte hier auch nicht die Geduld für eine solche Plauderei. Das Leben in Europa funktioniert so nicht. In Europa muss alles immer zur Verfügung stehen. Tut es das nicht, wird dies gern als untrügliches Zeichen für den nahenden Untergang gedeutet. In Afrika packt man bei Zugverspätung Picknick aus, teilt Gebäck und Getränke mit anderen, redet, lacht und ist froh, wenn es weitergeht. Die meisten Transportmittel in Afrika lassen ohnehin keine minutengenaue Reiseplanung zu. Ich will das nicht romantisieren – Reisen in Afrika ist anstrengend, weil es nicht planbar ist. Und doch erinnere ich mich bei Verspätungen in Deutschland manchmal an Reisen in Afrika und denke mir: Was ist so katastrophal daran, eine Stunde später ans Ziel zu kommen? Worüber beklage ich mich eigentlich, wo doch eine Zugfahrt schon ganz grundsätzlich eine Art von Luxus ist? Das sind Momente, in denen ich mir wünsche, ich wäre in Europa weniger anfällig für den allgegenwärtigen Pessimismus angesichts von Lappalien wie ein paar Minuten Zugverspätung. Momente, in denen ich wünsche, die Grenzen zwischen meinen beiden unterschiedlichen Leben wären durchlässiger.

Natürlich geht das nur, weil ich inzwischen als Lektorin arbeite und dies überall tun kann. Weil ich immer wieder entscheiden kann, wann ich wo meine Arbeit erledige. Wenn ich sechs Stunden am Bahnhof plaudere, werde ich am nächsten Tag arbeiten, im Guesthouse an meiner nächsten Station. Afrika fordert meine Flexibilität deutlich mehr als Europa. Deshalb sind meine Sinne dort wacher und ich fühle mich lebendiger.

Auch der Umgang der Menschen miteinander ist anders. Solidarischer. Man denkt dort in Gruppen, weniger nur für sich selbst. Man sitzt häufig zusammen, abends bei Kerzenlicht, weil der Strom ausgefallen ist, singt, kümmert sich gemeinsam oder abwechselnd um eine Horde Kinder und bewirtet ganz nebenbei noch eine Fremde. Die gehört jetzt zur Gruppe, weil sie für eine Weile hier wohnt. Oder man zwängt sich bei 35° Außentemperatur mit zwanzig Personen in einen nicht klimatisierten Kleinbus, der für zwölf zugelassen ist. Weil ein anderer Minibus eine Panne hatte und dessen Insassen nicht in der Hitze stehenbleiben sollen. Dafür erträgt man zwei Stunden Fahrt über hoppelige und staubige Pisten mit dem Ellenbogen des Sitznachbarn in den Rippen. Und zum Finale des Coupe d'afrique lässt man einen Nachbarn ins Wohnzimmer, weil der keinen Fernseher hat. Selbst wenn dessen Gegenwart den eigenen Wohlfühlfaktor einschränkt.

Das alles ist völlig selbstverständlich. Aber es hat auch eine Kehrseite. Nämlich die, nicht aus der Gruppe fallen zu dürfen. Schwul zu sein, zum Beispiel. Ich weiß noch, wie entgeistert ich war, als mich in einem Bus in Tansania ein Mann auf dieses Thema ansprach. Die Vorstellung, mein Sohn könnte schwul sein, müsse doch schrecklich sein. Ich sagte ihm, wenn ich einen Sohn hätte, würde er mein Sohn bleiben, egal, wen er lieben würde. Er schüttelte den Kopf und sprach nicht mehr mit mir. Genauso entsetzt war ich Anfang 2022 in Dakar über eine Kampagne zur Kriminalisierung von Homosexualität (die gescheitert ist). Ich erzähle dies, um deutlich zu machen, dass mir die Grenzen der Solidarität durchaus bewusst sind. Und doch genieße ich sie als Teil meines afrikanischen Lebens.

Trotzdem bin ich nach einigen Monaten in Afrika auch immer wieder froh, zurück in Deutschland zu sein. Ich weiß dann wieder, wie großartig die Situation in Deutschland und Europa ist, wo homosexuelle Eheschließungen möglich sind, zum Beispiel. Wo es freie Wahlen gibt, was in Afrika auch nicht selbstverständlich, sondern eher die Ausnahme ist. Demokratische Mitbestimmung in Deutschland ist mühselig, aber möglich. Es gibt umfangreiche – über Facebook und Konsorten hinausgehende – Möglichkeiten, sich zu unterschiedlichen Themen zu informieren.

Nach Monaten in Afrika weiß ich wieder, dass Zugfahrten, stabile Wasser- und Stromversorgung sowie regelmäßige Müllentsorgung nicht überall auf der Welt alltäglich sind.

Das alles sind Errungenschaften, die verteidigt und erhalten werden müssen. Doch ich frage mich manchmal, ob wir vor lauter Verteidigung der Errungenschaften Wichtiges verloren haben: Die Zuversicht darauf, dass alles gut wird. Die Geduld, mit Einschränkungen umzugehen. Die Erkenntnis, dass nicht Perfektion das Ziel des Lebens ist.

Sondern Freude.

Die Afrikaner, die ich kenne, gehen in tiefer Zuversicht mit ihrem Leben in all seinen Einschränkungen um. Sie können warten. Sie lassen sich von einer unperfekten Welt nicht die Laune verderben. Sie vertrauen. Auf Gott, die Vorsehung, die Mitmenschen – jedenfalls darauf, dass alles gut wird. Selbst wenn es schwierig ist, haben sie eine gute Zeit. Sie wissen: Die äußeren Umstände lassen sich nicht immer beeinflussen. Die innere Haltung schon.

Danke

Danke, liebe Leserinnen und Leser, dafür, dass Sie mir nach Afrika gefolgt sind. In meinem Blog **www.dorritbartel.eu/blog** finden Sie weitere Texte und Literaturtipps. Dort sind die hier vorliegenden Texte auch mit mehr Fotos illustriert. Melden Sie sich gern für meinen Newsletter an, um gelegentlich weitere Geschichten aus Afrika zu lesen.

Ein Teil der vorliegenden Texte erschien zuerst im Blog der 42erAutoren **www.zweiundvierziger.de**, dessen Redaktionsteam ich lange angehörte. Ich danke meinen Kollegen Jürgen Block, Ingrid Haag, Kristin Lange, Horst-Dieter Radke und Joan Weng für viele Jahre gemeinsamer Arbeit und für das Lektorat meiner Texte. Ihr habt meine Texte und mein Schreiben insgesamt besser gemacht. Kristin Lange danke ich besonders dafür, dass sie mir auch jetzt noch als Lektorin zur Verfügung steht.

Ich freue mich, dass dieses Buch, das ich im Oktober 2023 im Selfpublishing herausgebracht habe, nun eine Neuauflage in der Edition Leseglück erfährt – danke an das Team für die angenehme Zusammenarbeit.

Für die Erstauflage im Selfpublishing danke ich: Gabi Schmid und Ursula Hahnenberg von der Büchermacherei fürs Brainstormen und die vielen wertvollen Tipps. Meinem Bruder Magnus Bartel für die Unterstützung im Hinblick auf Gestaltung und Heidemarie Otto für ihren Anteil an der Verfeinerung des fertigen Manuskripts.

Danke an Angela Schwarze für das Cover und dafür, dass Du das tolle Foto gefunden hast.

Danke an Peter Neff fürs Brainstormen und dafür, dass ich in Deinem Haus im Grünen die Endfassung dieses Manuskripts erstellen durfte. An Dirk Kring für seine immerwährende Geduld mit meiner Technik.

Vor allem danke ich meinen afrikanischen Freunden dafür, dass sie mich an ihrem Leben teilhaben lassen und mir ihr Vertrauen schenken.

Je tiens à remercier chaleureusement Khady, Khadim, Mohammed et Bilal, qui m'ont accueilli comme un membre de leur famille.

Merci beaucoup à Nar de m'avoir accompagné à Saint Louis et à la Casamance.

Christine, je te remercie pour les les inspirations sur ton île et bien sûr pour les conversations avec un apéritif au soleil couchant. Merci Ibrahima pour ta générosité et la bienvenue au Kedougou. Merci Joseph pour les photos magnifiques, des repas delicieux et notre conversations informatives.

Merci Jean-Pierre Ntambe Mukandila, pour notre temps au Cape, à Hermanus et Johannesbourg. J'espère que tu vas bien, n'importe ou tu es.

Assante and thank you, Peter and Doris in Tansania for taking care of me and giving me the feeling of beeing welcome.

Wenige Wochen nach der Erstauflage starb Adane, dem ich posthum danke, für die Wochen in Dire Dawa, in denen er mir seine Geschichte anvertraut hat, die 2024 unter dem Titel „Der Äthiopier“ erscheinen wird.

Die Autorin

»Ich bin ein fröhlicherer Mensch in Afrika.«

Dorrit Bartel ist Mecklenburgerin qua Geburt, Berlinerin durch Entscheidung, Europäerin aus Überzeugung und – wie es ein afrikanischer Freund einmal ausdrückte – Afrikanerin mit dem Herzen. Sie reist seit über zehn Jahren oft für längere Zeit nach Afrika und schreibt in Berlin und Dakar über eben diesen Kontinent und seine Bewohner.

Sie zeichnet ein differenziertes Bild afrikanischen Lebens, das in Europa oft in Klischees gedacht wird. Dabei lernt sie selbst viel von ihren Begegnungen und Erfahrungen in Afrika: Demut, Gelassenheit, Zuversicht.

Wenn sie nicht schreibt, lektoriert sie Romane anderer Autoren, hilft als Schreibcoach und koordiniert die Aktivitäten des Netzwerk Autorenrechte.

Entdecken Sie ein weiteres spannendes Buch zum Thema Afrika.

Verpassen Sie keinesfalls diesen fulminanten, urkomischen und bezaubernden Reisebericht und erleben Sie den afrikanischen Kontinent auf eine einzigartige Weise!

Ihre Zufriedenheit ist unser Ziel!

Liebe Leser, liebe Leserinnen,

hat Ihnen unser Buch gefallen? Haben Sie Anmerkungen für uns? Kritik? Bitte zögern Sie nicht, uns zu schreiben. Wir werden jede Nachricht persönlich lesen und beantworten.

Schreiben Sie uns: info@ek2-publishing.com

Wussten Sie schon, dass Sie uns unterstützen können? Bitte nehmen Sie sich einen Moment Zeit und bewerten Sie dieses Buch online. Viele positive Rezensionen führen dazu, dass das Buch mehr Menschen angezeigt wird.

Sie können somit mit wenigen Minuten Zeitaufwand unserem kleinen Familienunternehmen einen großen Gefallen tun. Vielen Dank für Ihre Unterstützung!

Impressum

Eine Veröffentlichung der EK2-Publishing GmbH
Friedensstraße 12, 47228 Duisburg
Handelsregisternummer: HRB 30321
Geschäftsführerin: Monika Münstermann

E-Mail: info@ek2-publishing.com
Website: www.ek2-publishing.com

Autorin: Dorrit Bartel
Cover: Angela Schwarze, eyedentities.de
Buchsatz: Heiko Piller
Bildquellen: #1467936 | photocase.de/hotelangel, #204265279 | AdobeStock; Privatarchiv Autorin, Joseph Antoine Meki

Juli 2024

Druckhinweis:

Libri Plureos GmbH

Friedensallee 273

22763 Hamburg

MIX
Papier aus verantwortungsvollen Quellen
Paper from responsible sources
FSC® C105338